北京高等教育精品教材
21世纪高职高专教材·财经管理系列

人员素质测评实训教程

（第2版）

田 辉 编著

清 华 大 学 出 版 社
北京交通大学出版社
·北京·

内 容 简 介

本书是一本指导学生进行实际操作的教材，力求从理论和实践方法两个角度系统地介绍人员素质测评的原理、方法与操作实务，在学习一定理论的基础上指导学生的教学实训活动。书中介绍了许多国内外普遍使用的权威性测评工具，并通过人员素质测评的逻辑过程将其结合起来。

本书可作为高等职业院校人力资源管理类专业教学用书，同时也可作为各界人士学习和了解人员素质测评相关知识的参考用书。

本书封面贴有清华大学出版社防伪标签，无标签者不得销售。
版权所有，侵权必究。侵权举报电话：010-62782989　13501256678　13801310933

图书在版编目（CIP）数据

人员素质测评实训教程／田辉编著．—2 版．—北京：北京交通大学出版社：清华大学出版社，2018.8（2023.12 重印）
（21 世纪高职高专规划教材．财经管理系列）
ISBN 978-7-5121-3592-5

Ⅰ.① 人…　Ⅱ.① 田…　Ⅲ.① 人员测评-高等职业教育-教材　Ⅳ.① C962

中国版本图书馆 CIP 数据核字（2018）第 148630 号

人员素质测评实训教程
RENYUAN SUZHI CEPING SHIXUN JIAOCHENG

策划编辑：吴嫦娥　　责任编辑：赵彩云	
出版发行：清 华 大 学 出 版 社　邮编：100084　电话：010-62776969　http://www.tup.com.cn	
北京交通大学出版社　邮编：100044　电话：010-51686414　http://www.bjtup.com.cn	
印　刷　者：三河市华骏印务包装有限公司	
经　　　销：全国新华书店	
开　　　本：185 mm×260 mm　　印张：11.5　　字数：287 千字	
版　　　次：2018 年 8 月第 2 版　2023 年 12 月第 3 次印刷	
书　　　号：ISBN 978-7-5121-3592-5/C・205	
印　　　数：5 001～6 000 册　　定价：39.00 元	

本书如有质量问题，请向北京交通大学出版社质监组反映。对您的意见和批评，我们表示欢迎和感谢。
投诉电话：010-51686043，51686008；传真：010-62225406；E-mail：press@bjtu.edu.cn。

第 2 版前言

本书第 1 版出版以来，已经被多所学校的教师和学生用于素质测评的教学和训练，2013 年本教材获评为北京高等教育精品教材。《人员素质测评实训教程》获奖应归功于学校、学院领导多年来的支持与培养，归功于校内外各位前辈和同行的热情指教，归功于同事们长期以来的关心和帮助。

不管是什么样的组织，也不管组织的规模如何，组织中人的因素都起着关键作用。因此，如何通过科学的手段选择人才，发现并激励员工发挥人力资源的潜能，已成为企业管理的中心任务。人员素质测评是采用科学的方法和先进技术对被测对象作出科学的评价，为人力资源管理工作提供科学的依据，从而达到人与事的最佳配置。加强人力资源的招聘测评阶段的科学性是迫在眉睫的事，反映在学校教育中则是更多的学校开设了人员素质测评课程，人员素质测评作为对各类人员的素质及其功能行为进行科学的测量与评定的原理、规律和方法的科学，成为现代人力资源管理的一门新兴学科；也出版了许多的类似教材和实战教程。本书借鉴了现代教学的最新理念和方法，力求保持该教程教学体系的完整性与实践性相结合，力争符合学生认知规律，强化社会实践应用意识，从而有利于学生分析问题、解决问题能力的培养。本书第 2 版根据许多教师的建议作了一些修订，在保持教材原本的框架和特色的同时，力图使其更适合现代高职教育的教学需要，为学生提供更多的帮助。

《人员素质测评实训教程》第 2 版的出版，要感谢北京交通大学出版社的责任编辑及各位工作人员，我们的合作非常愉快。我也要感谢我的同事和我的家人，感谢他们的建议和宽容。

编　者
2018 年 5 月

第1版前言

随着经济和科技的飞速发展，教育改革的不断深化，尤其是职业教育的普及和推广，对传统的教学内容及方法提出了新的要求，也催促着管理教育与课程体系的改革。本书以北京劳动保障职业学院编写的"人员素质测评实训"讲义为基础，经过多年的教学实践编写而成。本书的编写力争做到以下三个方面。

（1）从高职院校的学生实际情况出发，编写时力求削枝强干、优化内容、突出重点、加强基础。对于理论内容以够用为主，更多的是立足于实践的实际训练，通过大量的社会实践以及教学练习来增强学生对本课程的理解。

（2）立足于新的一门课程体系的基础之上，将招聘与测评的基本内容优化组合成为一个新的体系，力求保持该课程的完整性。力争符合学生认知规律，强化社会实践应用意识，有利于学生分析问题、解决问题能力的培养。

（3）在教材编写中力求做到科学性与实用性、先进性与针对性相统一；做到循序渐进、由浅入深、深入浅出、简明易懂，特别注意学生动手能力的培养；每一章都安排详细的引导与讨论案例及实训指导。

本书的内容分为三部分，共8章内容。第一部分为理论部分，由第1～4章组成，包括职业选择、人员素质结构、素质测评原理、素质测评指标。介绍了人员素质和人员素质测评的基本概念、范畴、作用和意义，以及素质测评指标的编制等内容，为以后实际运用各种测评方法打下基础。第二部分为实务部分，由第5～7章组成，包括面试、心理测验、评价中心。介绍各种类型的人员素质测评方法和工具，同时介绍在实际工作中如何根据实际需要组合运用各种测验工具实现特定的测评目标。第三部分是第8章，主要介绍在素质测评方法的整体运用及在素质测评实施过程中应该注意的各个方面。

根据教学计划，本书建议讲授50～70学时。有些章节的次序和内容可依各专业要求酌情调整处理。本书除可作为高等职业院校人力资源管理学类专业教学用书外，也可作为工商管理等课程的教学用书，对社会管理培训等亦有重要参考价值。

本书在编写过程中参考了有关中外文献和专著，在此对这些文献和专著的作者表示感谢！由于时间较为仓促和经验不足，书中有些内容没有指出文章来源，敬请相关人员谅解，并再次表示感谢。限于编者水平，错误、缺点在所难免，敬请专家和广大读者批评指正！

编　者

2010年12月

第1章 职业选择 ……………………………………………………………… (1)
  1.1 重新认识我们的工作 ………………………………………………… (2)
  1.2 职业选择 ……………………………………………………………… (5)
  实训活动 …………………………………………………………………… (13)
  自测练习题 ………………………………………………………………… (14)
  学习资料 …………………………………………………………………… (16)

第2章 人员素质结构 ……………………………………………………… (31)
  2.1 素质及其结构 ………………………………………………………… (32)
  2.2 胜任特征模型 ………………………………………………………… (37)
  实训活动 …………………………………………………………………… (43)
  自测练习题 ………………………………………………………………… (44)
  学习资料1 ………………………………………………………………… (45)
  学习资料2 ………………………………………………………………… (49)

第3章 素质测评原理 ……………………………………………………… (51)
  3.1 素质测评相关概念 …………………………………………………… (52)
  3.2 素质测评的主要类型 ………………………………………………… (55)
  3.3 人员素质测评的理论基础 …………………………………………… (58)
  案例讨论 …………………………………………………………………… (60)
  实训活动 …………………………………………………………………… (63)
  自测练习题 ………………………………………………………………… (64)

第4章 素质测评指标 ……………………………………………………… (65)
  4.1 素质测评的内容、目标与指标 ……………………………………… (66)
  4.2 测评指标的构成 ……………………………………………………… (68)
  4.3 确定指标体系的方法和原则 ………………………………………… (70)
  4.4 测评指标体系建构的步骤 …………………………………………… (73)
  案例讨论 …………………………………………………………………… (76)
  实训活动 …………………………………………………………………… (77)
  自测练习题 ………………………………………………………………… (78)

第 5 章 面试 (80)
- 5.1 面试概述 (80)
- 5.2 面试的主要内容及种类 (83)
- 5.3 面试过程 (89)
- 案例讨论 (92)
- 实训活动 (93)
- 自测练习题 (94)
- 学习资料 1 (97)
- 学习资料 2 (100)
- 学习资料 3 (101)

第 6 章 心理测验 (102)
- 6.1 心理测验概述 (103)
- 6.2 智力测验 (106)
- 6.3 能力倾向测验 (108)
- 6.4 人格测验 (111)
- 6.5 其他心理测验方法 (117)
- 案例讨论 (119)
- 实训活动 (124)
- 自测练习题 (124)
- 学习资料 1 (126)
- 学习资料 2 (128)

第 7 章 评价中心 (142)
- 7.1 评价中心概述 (143)
- 7.2 评价中心测评的主要形式 (145)
- 7.3 评价中心的设计 (151)
- 案例讨论 (154)
- 实训活动 (159)
- 自测练习题 (163)

第 8 章 实施模拟 (165)
- 8.1 人员素质测评的实施程序 (165)
- 8.2 人员素质测评方法技巧 (168)
- 案例讨论 (169)
- 实训活动 (174)
- 自测练习题 (175)

参考文献 (176)

第1章

职业选择

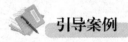 引导案例

　　话说有两兄弟,他们一起住在一幢八十层的公寓楼里。一天,他们一起去郊外爬山。傍晚时分,等他们爬山回来,回到公寓楼的时候,发现一件事:大厦停电了!这真是一件令人沮丧的事情。为什么呢?因为很不巧,这两兄弟是住在大厦的顶楼。顶楼是八十楼。很恐怖吧。虽然两兄弟都背着大大的登山包,但看来,也是别无选择,于是,哥哥对弟弟说:"我们爬楼梯上去吧。"于是,他们就背着一大包行李开始往上爬。到了二十楼的时候,他们觉得累了。

　　于是弟弟提议说:"哥哥,行李太重了,不如这样吧,我们把它放在二十楼,我们先上去,等大厦恢复电力,我们再坐电梯下来拿吧。"哥哥一听,觉得这主意不错:"好啊。弟弟,你真聪明呀。"于是,他们就把行李放在二十楼,继续往上爬。卸下了沉重的包袱之后,两个人觉得轻松多了。他们一路有说有笑地往上爬。但好景不长,到了四十楼,两人又觉得累了。想到只爬了一半,往上一看,竟然还有四十楼要爬。两人就开始互相埋怨,指责对方不注意停电公告,才会落到如此下场。他们边吵边爬,就这样一路爬到了六十楼。

　　到了六十楼,两人筋疲力尽,累得连吵架的力气也没有了。哥哥对弟弟说:"算了,只剩下最后二十楼,我们就不要再吵了。"于是,他们一路无言,安静地继续往上爬。终于,八十楼到了。到了家门口,哥哥长吁一口气,摆了一个很酷的姿势:"弟弟,拿钥匙来!"弟弟说:"有没有搞错?钥匙不是在你那里吗?"

　　好,大家猜猜发生了什么事?

　　正确,钥匙还留在二十楼的登山包里!

　　有人说,这个故事其实在反映我们的人生。二十岁之前,我们活在家人、老师的期望之下,背负着很多压力,不停地做功课、考试、升学,就好像是背着一个很重的登山包,加上自己也不够成熟、不够有能力,所以走得很辛苦。二十岁以后,从学校毕业出来,踏上工作岗位,开始自己的职业生涯,自己喜欢做什么就做什么,想怎么做就怎么做。就好像是卸下沉重的包袱。所以说,从二十岁到四十岁,是一生中最愉快的二十

年。到了四十岁，人到中年，发现青春早已逝去，但又有很多遗憾，于是开始埋怨，骂老板不识货，怪家人不体恤，埋怨政府，埋怨国家，埋怨社会……就这样在抱怨遗憾中又过了二十年。到了六十岁，发现人生所剩不多，于是告诉自己，不要再埋怨了，就珍惜剩下的日子吧。于是，默默走完自己的最后岁月。到了生命的尽头，突然想起：好像有什么忘记了。是什么呢？是你的钥匙，你的key，你人生的关键。你把你的理想、抱负、关键都留在二十岁，没有完成。

资料来源：https://wenku.baidu.com/view/282f52c5d5bbfd0a795673f5.html?rec_flag=default&sxts=1529493763770.

问题：结合案例想一想，你是不是也要等到四十年之后、六十年之后才来追悔？你希望将来的自己和现在有些什么不同？你是不是可以做些什么来不让这个遗憾发生呢？

1.1 重新认识我们的工作

1.1.1 工作对你来说意味着什么

对于这个问题，不同国家的人会有不同的回答。

德国人会说："工作是神的旨意。"

日本人会说："工作是生命的价值所在。"

美国人会说："工作是应该用生命去做的事。"

不少中国人会说："工作就是混口饭吃。"

不同的回答，显示了不同的工作态度。可以说，我们中相当一部分对工作的认识都还不够。在他们的眼里，工作的意义无非是一个赚钱的工具，一个依靠其生存的饭碗而已。拥有这样的认识也许不是我们本身的错，尤其是在"铁饭碗"风行的时代，拥有一份工作，就意味着有了一生的保障。可是今天，激烈的竞争让我们随时都有可能失去一份工作，工作作为我们生存的根本，甚至显得比以往更加重要。尽管如此，我们决不能简单地认为工作就是为了混口饭吃那么简单。

《圣经》上说"工作是神的意志"。其实，不仅仅是这样，工作更是我们生命的意义所在。在物质社会中，工作是大多数现代人赖以生存的基本形式之一。主观的工作愿望与工作实践是客观地解决个体生存和社会发展必不可少的原动力。工作对我们有着非常重要的意义，我们的能力、我们的才华、我们的价值，都必须通过工作来体现。我们对工作的任何不负责任的、盲目冲动的行为，都有可能为此付出不小的代价。

我们常常听到身边的人说："要是天天不用工作，又有大把的钞票多好啊。"实际上，这不过是一种完全不合乎实际的事情。任何一个人，一旦停止工作，就会失去人生的意义。为什么比尔·盖茨、李嘉诚直到今天还在努力地工作？当我们明白工作是人生的全部意义时，也就不难理解他们为什么这么做了。

对任何人来说，工作绝不是机械地做一件事情。工作是一种全身心的付出，是一个创造物质财富和精神财富的过程，是为社会做贡献，也是在满足和提高自己的消费能力。工作的目的有两个：一是满足社会的需要；二是获得物质上的报酬，成为精神上的支柱。

一个人，如果仅仅为了获得物质上的报酬而去工作，他将永远是工作的奴隶。工作对于他来说，始终是一个负担，他享受不到工作的乐趣，工作也吝于给他精神支撑。他日复一日、年复一年地重复着机械的工作，他不明白自己工作的意义，也从不否认自己的工作毫无意义。一个人为了获得优厚的物质报酬而努力工作，无可厚非。物质就是一只看不见的手，调节着人们工作的努力程度。但是，我们更应该为了精神支柱而工作。投入地去工作，你的忧愁会烟消云散；聚精会神于工作，你的不幸会成为过眼云烟。工作，支撑起你的生活，支撑起你的人生。

工作不只是我们"营生"的手段，它更是打开我们人生眼界的一扇百叶窗，提供给我们接触百味人生、接纳百种个性的机会。通过工作见识了各种场面，利用工作结识了形形色色的人，你的人生也将随着人脉资源的丰富而丰富。

可以说，工作就是生命的意义所在。

工作是应该用生命去做的事。

1.1.2 工作是什么

翻开西方各国的权威字典，我们可以发现，"工作"的解释几乎如出一辙：工作是上帝安排的任务，工作是上天赋予的使命。这种解释虽然带有太多的宗教色彩，然而，它却传达出了一个共同的思想：没有机会工作或不能从工作中享受到乐趣的人，就是违背上帝意愿的人，他们不能完整地享受到生命的乐趣。

可以这么说，你在这个世界上将选择什么样的工作，今后如何对待工作，从根本上说，不是一个关于做什么事和得到多少报酬的问题，而是一个关于生命的意义的问题。

工作就是付出努力以达到某种目的。如果我们的工作能够引导我们逐步接近那种充分表现我们才能和性格的境况，这样的工作应该就是最令人满意的工作了。正是为了获得某些东西或成就自我，为了拓宽、加深、提高自身的技能，将自身全面发展成为和谐美丽的人，我们才会专注于一个方向，并为此付出毕生心血。

工作是一个施展自己才能的舞台。我们寒窗苦读获得的知识、我们的应变力、我们的决断力、我们的适应力以及我们的协调能力，都将在这样的一个舞台上得以展示。除了工作，没有哪项活动具有如此高度的充实自我、表达自我的机会，以及如此强的个人使命感和一种活着的理由。工作的质量往往决定生活的质量。

1.1.3 不要只为薪水而工作

企业在招聘员工时，许多求职者可能都会问的问题就是："这个工作薪水如何？"问这个问题并没有什么不对，但是，如果我们工作时眼中只有薪水，而忽视了其他，这样的观念就是非常害人的。

我们常看到许多人，因为所得的薪水，在他们自己看来低于他们应得的报酬，于是在工作中刻意使工作成绩恰与公司所付的薪水相等，就是这样将薪水以外的种种回报给抛开了。他们对待工作故意采取一种躲避不及、越少做越好的态度；他们宁愿坐视自己的人格、能力的退化，也不想获得那些比金钱更重要的东西。

一个人一旦只为了薪水而工作，那么这个人除此之外便没有其他较高的追求。而受此欺骗最厉害的人正是他自己。就在他们只提供吝啬服务，刻意使之与薪水相等的时候，他们的才干、他们的能力都处于休眠状态。他们在阻碍自己的成长，阻挡自己的前程，从而使他们终身只做半个人，使自己成为一个卑微、狭隘的人。

当你服务于一种职业时，你应该想到那是你自己的事业，是为了自己而工作。当然，薪水对你来说是多多益善，但是你应该知道这只是其中一部分。当你从事一种职业时，你就获得了一个深入学习这种职业知识的机会。不要害怕公司对你的努力与功绩视而不见，不考虑对你的提升与加薪。在工作中你应当使出浑身的力量与机智，谋划出最好的办事方法；你应当以进步与创新的办法来达成此事；你应该以一种无限的热忱和精神去从事该项工作。只要你这样做了，你的上级自然会对你表示关注。许多有为的青年，他们在低薪水下工作多年，突然跳上一个高级而且担负重任的位置，为什么？就是因为企业给他们极少薪水的时候，他们在积累使他们终身受益的工作经验、办事的能力，最终走上成功之路。

对不只为薪水而工作的人而言，你可以从你对工作的忠心、工作时的善良和高尚的心志中取得十分丰厚的报酬。这种报酬与企业付给你的薪水相比，后者真是微不足道的。

这个世界上大多数人都在为薪水而工作，如果你能不仅仅为薪水而工作，你就超越了芸芸众生，也就迈出了成功的第一步。

工作意义测试

1. 你觉得现在的工作本来就是你的天职吗？
   A. YES→3   B. NO→4
2. 你认为工作上的问题大多起因于人际关系？
   A. YES→10   B. NO→8
3. 在公司里，没让别人看见过你发脾气？
   A. YES→5   B. NO→8
4. 工作上有崇拜的同事？
   A. YES→8   B. NO→2
5. 对"职员就应该以公司为重"的想法非常反感吗？
   A. YES→6   B. NO→7
6. 几乎从未拒绝过加班？
   A. YES→11   B. NO→7

7. 看到其他同事，觉得他们对工作简直一点概念都没有？
   A. YES→11　　　　　　　　　　B. NO→12

8. 在公司绝对会忙里偷闲，偷偷地"摸鱼"一下？
   A. YES→10　　　　　　　　　　B. NO→7

9. 认为工作上听从主管的指示，是理所当然的事情吗？
   A. YES—D 型　　　　　　　　　B. NO—C 型

10. 在工作上常有"就是因为没有我，才会搞成这样"的想法吗？
    A. YES→12　　　　　　　　　　B. NO→9

11. 每当人家问你"为什么工作"，你的答案都是"为了自己"吗？
    A. YES—A 型　　　　　　　　　B. NO—B 型

12. 喜欢自己现在的工作吗？
    A. YES—C 型　　　　　　　　　B. NO—B 型

答案解析：

A 型要有代价，才有意义

坚持有来有往。你觉得在工作上奉献了时间与劳力，就该获得对等的报酬，所以有加薪或升职，你就觉得很值得。

B 型成为顶尖，才有意义

好胜好斗，没有比"得第一"更令你高兴的事情了。在公司想压过同事，在业界想技压群雄，你必须付出比常人更多的努力才可以。

C 型成为焦点，才有意义

你对工作没有太大热情，不过如果它能让你大出风头，你就会觉得很有意义！但光这样对经验积累可是一点用都没有！

D 型为人打拼，才有意义

你总是先考虑别人才想到自己，慈悲心超强！如果发现自己的工作能对他人有帮助，你就会觉得很幸福，很有意义。

1.2 职业选择

1.2.1 职业生涯的基本概念

职业生涯的概念包含很多种意思。从一种前进的视角来看，职业生涯最普遍的含义可能是指个人对选择工作路线的一种反映——赚更多的钱，肩负更多的责任，获得更高的地位、威望和权力。尽管职业生涯的概念通常限定在有收益的工作范围内，但是它也能运用到其他的生活追求中。例如，可以把家庭主妇、父母和义务工作者也看作是职业，因为他们处理责任更大的问题的智慧和能力随着时间和经历增加而增长，从这种意义上来说，他们也是前进的。当孩子还在幼儿园的时候，他们的父母担负着不同于其他人的更重要的角色。

葛林豪斯（Greenhaus）从强调事业的重要性的角度，给出了职业生涯的一种精确定义：

职业生涯是和工作有关的经历（如职位、职责、决定和对工作相关事件的主观解释）和工作时期所有活动的集合。

这个定义强调"职业生涯"这个词在评价个人时并不暗示成功或失败，职业生涯包括态度和行为，它是不断进行的一系列与工作有关的活动。即使职业生涯的概念显然和工作有关，但是必须明白离开工作时的生活和角色也是职业生涯的重要组成部分。例如，50岁的职业中期的经理人，对于包含更多责任的晋升的态度与即将退休的经理有很大的不同。同样，一个单身的人对于调动工作地点的晋升的反应与一个学龄儿童的父亲或母亲的反应是不同的。

随着时间推移，社会价值观在改变，从而一个人对职业的反应也可能改变。如今，越来越多的管理层和专业人员似乎减少了对晋升、持续的成功和频繁的加薪的热衷，家庭的需要和多腾些时间与家人在一起越来越成为个人讨论和思考的主题。

1.2.2 职业发展阶段

人们在中学、中专、职业学校或大学接受了某些形式的组织教育，为以后工作做了必要的准备。当他们开始第一份工作时，转向同一个企业或其他企业的另一份工作的机会也就出现了。经过一番职业选择的过程，最终他们稳定在一个能做到退休的岗位。每个阶段时间的长短因人而异，但是大部分工作的人们都经历了所有的阶段。

职业阶段的研究发现随着个人阶段的转变、自身的需要和期望也在转变。图1-1概括了职业阶段和个人需要之间的关系。

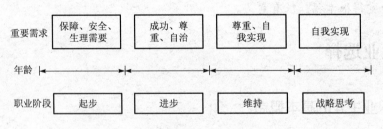

图1-1 职业阶段和个人重要的需求

个人经历职业生涯的不同阶段的事实是显而易见的，对于个人来说，一个阶段的需要和动机与下一个阶段不同也是可以理解的。但是，管理职业生涯需要更完整地描述各个阶段个人遇到的情况。有些人的职业对于现代企业的业绩有着特殊意义，把他们称之为专业人员。"知识型员工"——如专职会计、信息系统专家、科学家和工程师——是劳动大军中一支快速增长的队伍，占总数的32%（蓝领占33%）。

1. 起步阶段

拥有技术知识的年轻专业人员进入了企业，但是他们经常不理解企业的要求和期望，因此，他们必须与有经验的人员一起密切合作。年轻的专业人员与他们的指导者之间形成的关系称为"师徒关系"。学徒希望能胜任主要的工作，包括学习和接受指导。一个人想要成功有效地通过第一阶段则必须要接受一个依赖的心理状态。一些专业人员不能够应对在学校中曾经遇过的相似情形，虽然他们希望第一份工作能够提供更多的自由，但是发现仍然受到权威人士的指导，就如同在学校那样。

例如，美国电报电话公司（AT&T）的管理人员表示在他们工作刚开始的几年中对安全性相当重视。这个阶段，术语称为"起步阶段"，一般在工作的头五年。

2. 进步阶段

"进步阶段"紧接在起步阶段之后，在30岁到45岁之间。美国电报电话公司的管理人员表示在这个阶段大大减少了对安全性的关注，更多的注意力放在成功、尊重和自治上。一旦他们通过了第一阶段的依赖关系，专业人员将会步入被称为独立工作的第二阶段。想要通过这个阶段必须证明在一定专业领域能够胜任，在一定的领域里有技术方面的专家意见，如税收、产品检验或质量担保，这方面的意见也存在于技能领域，如计算机应用。第二阶段专业人员的首要任务是在所选择的领域成为意见的"独立贡献者"，希望自己更少地依靠他人的指导。独立的心理状态可能会造成一些问题，因为这种状态和前阶段要求的依赖心理是完全相反的。第二阶段对于专业人员将来的发展极端重要，一般来说，在此阶段失败的人将来不能很好地发展，因为他们不具有足够的自信。

3. 维持阶段

进步阶段之后是"维持阶段"。这个时期的标志是努力稳固过去取得的成果。虽然没有创造新的成果，但是维持阶段也是一个有创造力的阶段，因为个人会对前几阶段在心理和物质财富方面的收获感到满足。虽然每个人和每个职业不同，但是维持阶段最重要的需要是尊重和自我实现的假定是合情合理的。不过，许多人在此阶段经历了所谓的"中期生涯危机"。这些人并没有从他们的工作中得到满足，因此，他们会经历心理上的不适。进入维持阶段的专业人员被期待成为第一阶段人员的指导者，而且他们注意拓展兴趣，注意与企业外的人一起处理越来越多的事情，从而专业人员此阶段的中心任务就是对他人的"培训和相互作用"。第三阶段他们对他人工作负起责任，此阶段的这种特点会造成相当大的心理压力。在以前的阶段，他们只要对自己的工作负责，但是现在他人的工作成为首要关注的事。不能到达新的要求的人可能决定转回第二阶段，而那些能从照管他人中得到满足感的人会开展更重要和更有价值的工作，这些工作将成为退休前第三阶段的工作内容。

"指导关系"定义为有经验的员工和年少员工之间的关系,在这种关系中,富有经验的员工通过共享在企业的工作经历中得到的信息来帮助年少的员工,希望这种关系能够对年少员工的教育、工作业绩和保持力做出贡献。

在一个成功的指导关系中,年少员工的事业在年长员工推进下的一系列活动(训练、错误的曝光和透明度、自我保护)中得到提高。而且指导关系给年少员工提供了支持,这种支持帮助他们认识个人的身份。第三阶段的员工作为指导者可以从被指导者的成长、发展和进步中得到极大的满足感。

研究显示,一些男性员工对于作为女性员工的指导者犹豫不决,因为伴随这种指导关系经常会引起流言蜚语。另外一些研究表明年长的女性员工对于指导年少的女性员工也会感到有些困难,因为他们察觉到这样做存在组织风险。但是,随着管理水平地位较高的女性员工和少数民族员工的增加,这些人指导年少同事的机会也很有可能增加。

4. 战略思考阶段

一部分专业人员保持在第三阶段,对于这些人来说第三阶段是职业生涯的重要阶段,另一部分的专业人员进步到另外一个阶段。并不是所有员工都能进入第四阶段,因为此阶段的基本特征包括"形成自己企业的发展方向"。虽然我们认为在一个企业中只有一个人——总经理——才能做此事,但是这项工作也可以由其他人来担任。例如,产品开发、加工制造或技术研发的关键人员也可以进入第四阶段。由于他们在职业的第三阶段的表现而取得的重要地位,进入第四阶段后他们要把注意力放在长远的战略规划上。在做规划时他们扮演的是管理者、企业家和构思的发起者。他们的主要工作关系是去发掘和帮助继承者的事业,与企业外的关键人物打交道。对于个人在第四阶段最重要的转变是在没有事后劝告的情况下接受下属的决定。第四阶段的人必须学习具有影响力——也就是把命令方式的实践领导能力运用在观念的培养、员工的选择和组织的设计中。这些转变对于过去曾依赖上级指导的个人来说是困难的。

职业阶段的概念是理解和达到职业发展的基础,同样也是领会"人生阶段"必不可少的。一个人在经历人生阶段的同时也在经历职业阶段,但是职业阶段和人生阶段之间的相互作用并不是很容易理解。

1.2.3 职业选择

一个人作出的最重要的决定可能就是自身从事的事业。有些时候,你将要作出一个职业选择,你可能会问自己诸如这样的问题:当我长大后想成为什么样的人?我的强项和弱项是什么?为什么我不能卖掉更多的产品?

1. 职业选择和个性

有的研究证明,职业兴趣、价值观和职业经历对职业成功的预期比职业能力的预期效果还好。同时随着职业指导理论的发展,"职业自我探索""职业生涯""职业决策"

"职业心理类型"等概念被广泛接受,职业兴趣、价值观、经历等内容日益多地与职业能力测验结合,形成了各种综合的职业指导计划。

1959年,霍兰德提出了以人格类型学说为基础的职业指导理论。他于1973年指出,个体的人格特征和背景因素决定了他的职业选择方向,职业选择是个体人格的一种表现方式。霍兰德理论的核心思想是,个体趋向于选择最能满足个人需要、实现职业满意的职业环境。理想的职业选择使人格类型与职业类型相互协调和匹配。

霍兰德认为每个人在一定程度上类似于六种性格类型中的一类。

(1) 现实型。这类人偏好于动手做,包括对机器和工具的操作。如机械师。

(2) 研究型。这类人的特点是善于分析、有好奇心、具备系统性和精确性。如研究型的科学家。

(3) 艺术型。他们是有表现力的、不按常规的、新颖的和好反省的。如室内设计师。

(4) 社交型。他们喜欢与其他人一起工作并且帮助别人,他们刻意避免涉及设备和机器的系统性活动。如学校顾问。

(5) 事业型。这类人喜欢通过自己去影响他人来达到目标的活动。如律师。

(6) 保守型。他们喜欢对数据、文档记录或再生产的材料进行系统的分析。如会计。

一个人越是类似于其中的一类,他将越有可能表现出和此类关联的性格和特点。

霍兰德暗示无论一个人的性格是哪种类型主导,他都可以通过一系列的策略来处理和周围环境的关系,并且许多策略试用于两个或更多的性格类型。霍兰德运用一个六角形来说明六种性格类型之间的联系和差距(见图1-2)。两种性格的取向在六角形中排列得越接近,那么性格类型越接近。因此,他声称邻近的性格类型(如现实型—研究型和艺术型—社交型)是相似的,而不邻近的性格类型(如现实型—社交型和艺术型—保守型)是不相似的。按霍兰德的分析和逻辑,可以得出结论:如果一个人的主导性格和次要的性格取向相似,则在职业选择上将花相对少的时间;另外,如果一个人的主导性格和次要性格取向不相似,选择职业可能会遇到困难。

不同数量的工具被用来评定一个人相似于哪种类型。职业偏好的详细目录要求个人在84种职业(每种类型区域包含14种职业)中选出自己喜欢的职业。记录和描述个人的选择,在某个类型区域的得分越高,则越相似于此区域所代表的性格类型。

2. 职业选择与技能

测定一个人有什么样的技能在决定一个人的职业选择中极端重要。霍兰德研究表明,光是简单地喜欢一份职业或工作是不够的,一个人必须能够培养完成工作所要求的技能。一个人可以具有研究型的取向,但是,是否具有成为研究型科学家、物理学家或生物学家的技能在选择工作中扮演了非常重要的角色。美国政府印刷办公室出版的《职业种类字典(DOT)》,提供了2万多份工作需要的技能方面的信息。

另一种测量兴趣和技能的方法是坎贝尔兴趣和研究调查(CISS)。这个调查帮助员工回顾他们的职业之路,协助企业有效地利用员工。将200种兴趣和120种技能分为6

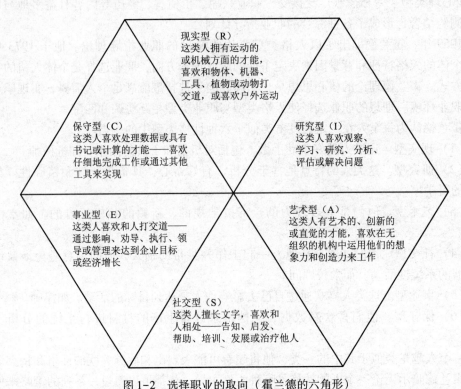

图 1-2 选择职业的取向（霍兰德的六角形）

资料来源：BOLLES R. What color is your parachute? Berkeley, CA: Ten Speed Press, 2002: 80.

个等级，将得分转化为 7 个方向：① 影响；② 组织；③ 帮助；④ 创造；⑤ 分析；⑥ 生产；⑦ 冒险。这 7 个方向又被进一步细分为 29 个范围，如领导力、写作和科学。人的一种兴趣就用一个实心的菱形代表（◆）；一种技能就是一个空心的菱形（◇）。兴趣的得分代表一个人对某种活动的喜欢或偏好；技能的得分揭示了一个人对完成某项活动的自信程度。图 1-3 从 30 分到 70 分排列，显示了一个人在 7 个方向的特性。

如果一个人在技术和兴趣方面的得分高，推荐其慎重考虑这个方向或活动；在兴趣方面得分高但在技术上得分低者，需要鼓励此人发展技能；在兴趣方面得分低而在技能上得分高暗示着有实际探测的需要；兴趣和技能方面得分都低者，暗示着应该避免这个方向或活动。在图 1-3 中，对应的答案不是定位在分析上，而是其在所从事的领域里的影响，尤其是法律、政治和演说方面的工作。

3. 能力与职业

事业发展和高度能力之间，有不容置疑的直接关系。高度能力不是抽象的素质，它通过职业角色得以表现。例如，交响乐团的指挥，其能力显然和一名出色的科技人员、一名出色的飞机驾驶员不同。

能力，是一个人能否进入职业的先决条件，是能否胜任职业工作的主观条件。无论从事什么职业总要有一定的能力作保证。没有任何能力，根本谈不到进入职业工作，对个人来讲也就无所谓职业生涯可言。能力，是指完成一定活动的本领。人在其一生之中，要从事各种各样的社会生活和社会生产活动，必须具备多种能力与之相适应。这里所言的能力，是指劳动者从事社会生产活动的能力，即职业工作能力。

	兴趣 ◆	技能 ◇	很低 30	35	低 40	45	中等 50	55	高 60	65	很高 70	兴趣/技能模式
影响	61	60							◇◆			从事
领导力	65	64							◇◆			从事
法律/政治	48	57				◆------◇						探测
演讲	63	59							◇------◆			从事
销售	46	58			◆			◇				探测
广告/市场	47	42			◇--◆							
组织	46	37		◇	------◆							
监督	68	58						◇	------◆			从事
金融服务	35	31	◇--◆									避免
办公活动	44	42			◇◆							避免
帮助	60	68							◆---◇			从事
成年人的发展	62	58						◇---◆				从事
咨询	58	68						◆-----◇				从事
孩子的发展	56	43				◇------◆						发展
宗教活动	70	60							◇------◆			从事
医疗	52	56					◆--◇					探测
创造	23	37	◆------◇									避免
艺术/设计	19	32	◆--◇									避免
表演艺术	41	39			◇◆							避免
写作	32	36	◆--◇									避免
国际性活动	50	64					◆------◇					探测
时尚	35	48		◆------◇								
烹调艺术	48	43				◇--◆						
分析	33	33	◇◆									避免
数学	34	33	◇◆									避免
科学	31	36	◆----◇									避免
生产	37	46		◆------◇								
机器操作	33	35	◆◇									避免
木工行业	32	39	◆----◇									避免
农业/林业	46	44			◇◆							
种植业/园艺	51	51					◇◆					
动物养殖业	50	49				◇◆						
冒险	59	54					◇-----◆					发展
运动/健美	58	47				◇------◆						发展
军队/司法人员	63	66							◆--◇			从事
冒险	46	52				◆----◇						

资料来源：Adopted from Individual Profile for the Gampbell Interest and Skill Survey.

图1-3　坎贝尔兴趣和技能调查的个人剖面图

能力可分为一般能力和特殊能力两大类。一般能力通常又称为智力,包括注意力、观察力、记忆力、思维能力和想象力等,是人们顺利完成各项任务都必须具备的一些基本能力。特殊能力是指从事各项专业活动的能力,也可称为特长,如计算能力、音乐能力、动作协调能力、语言表达能力、空间判断能力等。由此可见,能力是一个人完成任务的前提条件,是影响工作效果的基本因素。因此,了解自己的能力倾向及不同职业的能力要求对合理地进行职业选择具有重要意义。能力的不同,对职业选择就有差异。从能力差异的角度来看,在职业选择时应遵循以下原则。

1) 注意能力类型与职业相吻合

人的能力类型是有差异的,即人的能力发展方向存在差异。职业也是可以根据工作的性质、内容和环境而划分为不同的类型的,并且对人的能力也有不同的要求,因而应注意能力类型与职业类型的吻合。能力水平要与职业层次一致或基本一致。对一种职业或职业类型来说,由于所承担的责任不同,又可分为不同层次,不同的层次对人的能力有不同的要求。因此,在根据能力类型确定了职业类型后,还应根据自己所达到或可能达到的能力水平确定相吻合的职业层次。只有这样,才能使能力与职业的吻合具体化。

充分发挥优势能力的作用。每个人都具有一个多种能力组成的能力系统,每个人在这个能力系统中,各方面能力的发展是不平衡的,常常是某方面的能力占优势,而另一些方面的能力则不太突出,对职业选择和职业指导而言,应主要考虑其最佳能力,选择最能运用其优势能力的职业。同样,在人事安排中,如能注重一个人的优势能力并分配相应的工作,会更好地发挥一个人的作用。

2) 注意一般能力与职业相吻合

一般能力包括注意力、观察力、记忆力、思维能力和想象力等。不同的职业对人的一般能力的要求不同,有些职业对从业者的智力水平有绝对的要求,如律师、工程师、科研人员、大学教师等都要求有很高的智商;智力在相当大的程度上决定着其所从事的职业类型。

3) 注意特殊能力与职业相吻合

要顺利完成某项工作,除要具有一般能力外,又要具有该项工作所要求的特殊能力,如从事教育工作需要有阅读能力和表达能力;从事数学研究需要具有计算能力、空间想象能力和逻辑思维能力。如法官就应具有很强的逻辑推理能力,却不一定要有很强的动手能力;而建筑工应有一定的空间判断能力,却不需要良好的语言表达能力。

表1-1是国外一些学校在对学生进行职业指导时常采用的职业能力倾向的成套测验中的一部分。此表虽不一定完全符合中国国情,却可以由此大致了解有关职业的能力倾向要求。

表1-1 部分职业与其所需职业能力的标准

职业	一般学习能力	语言能力	算术能力	空间谈判能力	形态知觉	书写能力	运动协调	手指灵活	手的灵巧
建筑师	强	强	强	强	较弱	一般	一般	一般	一般
律师	强	强	一般	较弱	较弱	一般	较弱	较弱	较弱
医生	强	强	较强	强	较强	一般	较强	较强	较强

续表

职业	一般学习能力	语言能力	算术能力	空间谈判能力	形态知觉	书写能力	运动协调	手指灵活	手的灵巧
护士	较强	较强	一般	一般	一般	一般	一般	一般	一般
演员	较强	较强	较弱	一般	较弱	较弱	较弱	较弱	较弱
秘书	一般	一般	一般	较弱	一般	较强	一般	一般	一般
统计员	一般	一般	较强	较弱	一般	较强	一般	一般	较弱
服务员	一般	一般	较弱	较弱	较弱	较弱	一般	较弱	一般
驾驶员	一般	一般	较弱	一般	一般	弱	一般	一般	一般
纺织工	较弱	较弱	较弱	较弱	一般	弱	一般	一般	一般
机床工	一般	一般	较弱	一般	一般	较弱	一般	较弱	一般
裁缝	一般	一般	较弱	一般	一般	较弱	一般	较强	一般

实训活动

实训项目1

【实训内容】

通过霍兰德职业性向测验,初步了解相关职业。通过职业生涯规划,使学生学会职业生涯发展规划的制定与实施。

【实训设施】

人员素质测评实训室;电脑及投影设备(用于演示文稿和视频文件的播放)。

【实训项目1-1】霍兰德职业性向测验

(1)填写霍兰德职业性向测验表,根据测验结果将全班同学分成4~6个小组。

(2)小组成员相互了解各自的职业兴趣,确定本组需要研究讨论的职业(或职位)的具体名称。

(3)了解选定职业或岗位在社会上的种种称呼,这种职业对企业的意义所在,写出该职位的具体工作职责以及对从事者在知识和个性品质上有何要求。

(4)根据小组确定的职业(或职位)名称设计小组队名、队标。

(5)小组集体展示。

(6)教师实训点评。

【实训项目1-2】我的人生——职业生涯规划

(1)每个学生根据自身的兴趣、特点,结合行业背景、企业经营理念和工作内容,设计"我的人生——职业生涯规划设计"方案。

(2)方案至少包括以下内容:职业认知、自我认知、目标职位分析、规划与实施计划(职业目标分解与组合)。

(3)职业目标确定和发展路径设计要结合外部环境和个人特质,要符合实际、可执行、可实现。

(4)制作PPT进行演示。

(5) 教师实训点评。

自测练习题

一、问答题

(1) 什么是职业生涯？请简述其重要性。
(2) 请简述职业生涯发展阶段的主要内容。
(3) 请简述职业选择和个性、技能与能力的关系。
(4) 请简述霍兰德"职业六边形"理论的基本内容。

二、辨析题（请先判断以下命题是"正确"还是"错误"，再陈述理由。）

(1) 非名牌大学的毕业生就业很困难。
(2) 非热门专业的毕业生就业很困难。
(3) 热门专业的毕业班学生没有必要考研究生。
(4) 家庭经济好并且英语好的学生就可以出国发展。
(5) 学生会的学生干部适合考公务员。
(6) 拓展培训是游戏，玩得开心就算成功。
(7) 没有金钱或者钱不够用就别创业。
(8) 没有别出心裁的创业项目就别创业。

三、案例分析题

当"海归"变成"海带"

顾菲（化名），女，26 岁，性格开朗，是一个打扮非常得体的女孩。她从澳大利亚留学回来一年了，学的是市场营销专业，可是回国后她却发现，很难找到一份适合自己的工作。她现在暂时在一家房地产公司做市场助理，尽管工资不低，但是因为不喜欢房地产这个行业，她工作起来内心的冲突非常大，工作的热情与耐心在一天天地减少。她很希望改变目前这种状况，却又不知该从何入手。

资料来源：中华英才实验室，www.chinahrlab.com/career. 2006-07-25。

问题：
(1) 如果请你为顾菲做职业生涯规划，请说明其主要内容。
(2) 请为顾菲设计发展"道路"，并说明理由。

四、材料题

两个月就关门的食品杂货店

大学生刘池（化名）毕业后一直想自己做老板，看到邻居在小区里开了一个食品杂货店收益一直不错，颇为心动。于是，小刘租了小区内一个库房做店面，筹集了一万多元钱做启动资金，进了一些货品，开了一家食品杂货店。但是经营了两个月后，小刘的食品杂货店就撑不住了，只好关门。

为什么同样是食品杂货店，邻居可以干得红红火火，小刘的店就经营惨淡呢？原来，小刘为了突出自己食品杂货店的特色，没有像邻居一样进茶、米、油、盐等大众用品，而是将经营范围锁定在沙司、奶酪、芝士等一些西餐调味食品上。但是小区里的居民对她的货品需求少，加之店面的位置在小区边缘，而且营业时间不固定，很多邻居都不愿意绕道过去。

资料来源：www.tjyxhq.org.cn。

问题：

（1）你认为刘池的创业项目选择得合适吗？为什么？

（2）如果请你为刘池做创业策划并撰写一份创业计划书，请说明其主要内容。

五、论述题

1. "知识改变命运，性格决定命运。"请谈谈你对这句话的认识。
2. 请阅读刘欢演唱的歌曲《从头再来》的歌词。

从头再来

昨天所有的荣誉，已变成遥远的回忆。

勤勤苦苦已度过半生，今夜重又走入风雨。

我不能随波浮沉，为了我至爱的亲人。

再苦再难也要坚强，只为那些期待眼神。

心若在梦就在，天地之间还有真爱。

看成败人生豪迈，只不过是从头再来。

请结合"三十而立，四十而不惑，五十而知天命"谈谈你从此歌中悟出的道理。

3. 请阅读世界文学名著《老人与海》的简要书评。

海明威在《老人与海》中，用数量不多的笔墨经典性地叙述了老人与海洋、大鱼、饥饿、焦渴作斗争的过程。《老人与海》中的老人，是个真正孤独的个体，而就是这个在汪洋大海中驾一条小船与汹涌波涛、刺眼的阳光、挣扎的大鱼对峙的、似乎转眼就要消失在汪洋大海中的老人身上寄托了人真正的尊严。关于《老人与海》有这么一种观点：老人要永远面临着无休止的挑战和痛苦，以及在这之后的失败，更令人惊心的是，他明知这样的结果却仍然要坚持，为的只是他的尊严，也就是人类共有的尊严，也就是我们生存的意义——正是对海明威在《老人与海》要表现的意图较好的诠释。

请结合《老人与海》和你的"昨天、今天、明天"，论述人生的意义。

4. 请阅读金庸名著《神雕侠侣》的简要书评。

从总体上看，金庸的"射雕三部曲"都是"成长小说"：主人公经历万千劫难，终成大业，并终成眷属。

作为金庸的代表作之一,《神雕侠侣》十分符合这一模式。杨过的英雄经历真可谓侠骨丹心,从乞儿成长为"神雕侠",最终不仅揭穿霍都王子的阴谋拯救了江湖,而且打败金轮法王刺杀蒙古大汗,继续了国家的气运,英雄的功业无以复加。小龙女的感情经历真可谓旷世奇缘,尹剑平的玷污、郭靖夫妇的阻挠、绝情丹的得得失失,十六年的煎熬……

最后的结局,依然是"其时明月在天,清风吹叶,(杨过)携着小龙女之手,与神雕并肩下山"。

请在以下题目中选择一题作答:
(1) 请结合现实生活和你的人生,评价杨过的成长历程。
(2) 请结合现实生活和你的人生,评价小龙女的成长历程。

学习资料

霍兰德职业取向测验表

本测验量表将帮助你发现和确定自己的职业兴趣和能力特长,从而更好地作出求职择业的决策。如果你已经考虑好或选择好了自己的职业,本测验将使你的这种考虑或选择具有理论基础,或向你展示其他合适的职业;如果你至今尚未确定职业方向,本测验将帮助你根据自己的情况选择一个恰当的职业目标。

本测验共有7个部分,每部分测验都没有时间限制,但请你尽快按要求完成。

第一部分 你心目中的理想职业(专业)

对于未来的职业(或升学进修的专业),你也得早有考虑,它可能很抽象、很朦胧,也可能很具体、很清晰。不论是哪种情况,现在都请你把自己最想干的三种工作或最想读的三种专业,按顺序写下来。

1. _____
2. _____
3. _____

第二部分 你所感兴趣的活动

下面列举了若干种活动,请就这些活动判断你的好恶。喜欢的,请在"是"栏里打√,不喜欢在"否"栏里打×。请按顺序回答全部问题。

活动性:你喜欢从事下列活动吗?

R:现实型活动	是	否
1. 装配修理电器或玩具		
2. 修理自行车		

第1章 职业选择　17

3. 用木头做东西　_____ _____

4. 开汽车或摩托车　_____ _____

5. 用机器做东西　_____ _____

6. 参加木工技术学习班　_____ _____

7. 参加制图描图学习班　_____ _____

8. 驾驶卡车或拖拉机　_____ _____

9. 参加机械和电气学习班　_____ _____

10. 装配修理机器　_____ _____

统计"是"一栏得分计_____

A：艺术型活动	是	否
1. 素描/制图或绘画		
2. 参加话剧/戏曲		
3. 设计家具/布置室内		
4. 练习乐器/参加乐队		
5. 欣赏音乐或戏剧		
6. 看小说/读剧本		
7. 从事摄影创作		
8. 写诗或吟诗		
9. 进艺术（美术/音乐）培训班		
10. 练习书法		

统计"是"一栏得分计_____

I：研究型活动	是	否
1. 读科技图书和杂志		
2. 在实验室工作		
3. 改良水果品种，培育新的水果品种		
4. 调查了解土和金属等物质的成分		

5. 研究自己选择的特殊问题

6. 解算术题或做数学游戏

7. 上物理课

8. 上化学课

9. 上几何课

10. 上生物课

统计"是"一栏得分计_____

S：社交型活动　　　　　　　　　　是　　　　　　　否

1. 学校或单位组织的正式活动

2. 参加某个社会团体或俱乐部活动

3. 帮助别人解决困难

4. 照顾儿童

5. 出席晚会、联欢会、茶话会

6. 和大家一起出去郊游

7. 想获得关于心理方面的知识

8. 参加讲座或辩论会

9. 观看或参加体育比赛和运动会

10. 结交新朋友

统计"是"一栏得分计_____

E：事业型活动　　　　　　　　　　是　　　　　　　否

1. 说服鼓动他人

2. 卖东西

3. 谈论政治

4. 制订计划、参加会议

5. 以自己的意志影响别人的行为

6. 在社会团体中担任职务

7. 检查与评价别人的工作

	是	否
8. 结交名流		
9. 指导有某种目标的团体		
10. 参与政治活动		

统计"是"一栏得分计_____

C：保守型活动	是	否
1. 整理好桌面和房间		
2. 抄写文件和信件		
3. 为领导写报告或公务信函		
4. 检查个人收支情况		
5. 参加打字培训班		
6. 参加算盘、文秘等实务培训		
7. 参加商业会计培训班		
8. 参加情报处理培训班		
9. 整理信件、报告、记录等		
10. 写商业贸易信		

统计"是"一栏得分计_____

第三部分　你所擅长或胜任的活动

下面列举了若干种活动，其中你能做或大概能做的事，请在"是"栏里打√；反之，在"否"栏里打×。请回答全部问题。

R：现实型能力	是	否
1. 能使用电锯、电钻和锉刀等木工工具		
2. 知道万用表的使用方法		
3. 能够修理自行车或其他机械		
4. 能够使用电钻床、磨床或缝纫机		
5. 能给家具和木制品刷漆		
6. 能看建筑设计图		
7. 能够修理简单的电气用品		

8. 能修理家具 _____

9. 能修收录机 _____

10. 能简单地修理水管 _____

统计"是"一栏得分计 _____

A：艺术型能力	是	否
1. 能演奏乐器	_____	_____
2. 能参加 M 部或四部合唱	_____	_____
3. 独唱或独奏	_____	_____
4. 扮演剧中角色	_____	_____
5. 能创作简单的乐曲	_____	_____
6. 会跳舞	_____	_____
7. 能绘画、素描或书法	_____	_____
8. 能雕刻、剪纸或泥塑	_____	_____
9. 能设计板报、服装或家具	_____	_____
10. 写得一手好文章	_____	_____

统计"是"一栏得分计 _____

I：研究型能力	是	否
1. 懂得真空管或晶体管的作用	_____	_____
2. 能够列举三种蛋白质多的食品	_____	_____
3. 理解铀的裂变	_____	_____
4. 能用计算尺、计算器、对数表	_____	_____
5. 会使用显微镜	_____	_____
6. 能找到三个星座	_____	_____
7. 能独立进行调查研究	_____	_____
8. 能解释简单的化学现象	_____	_____
9. 理解人造卫星为什么不落地	_____	_____
10. 经常参加学术会议	_____	_____

统计"是"一栏得分计 _____

第 1 章 职业选择

S：社交型能力	是	否
1. 有向各种人说明解释的能力		
2. 经常参加社会福利活动		
3. 能和大家一起友好相处		
4. 善于与年长者相处		
5. 会邀请人、招待人		
6. 能简单易懂地教育儿童		
7. 能安排会议等活动顺序		
8. 善于体察人心和帮助他人		
9. 帮助护理病人和伤员		
10. 安排社团组织的各种事务		

统计"是"一栏得分计_____

E：事业型能力	是	否
1. 担任过学生干部并且干得不错		
2. 工作上能指导和监督他人		
3. 做事充满活力和热情		
4. 有效利用自身的做法调动他人		
5. 销售能力强		
6. 曾作为俱乐部或社团的负责人		
7. 向领导提出建议或反映意见		
8. 有开创事业的能力		
9. 知道怎样做能成为一个优秀的领导者		
10. 健谈善辩		

统计"是"一栏得分计_____

C：保守型能力	是	否
1. 会熟练地打印中文		
2. 会用外文打字机或复印机		
3. 能快速记笔记和抄写文章		

4. 善于整理保管文件和资料　　　　　_____　　_____

5. 善于从事事务性的工作　　　　　　_____　　_____

6. 会用算盘　　　　　　　　　　　　_____　　_____

7. 能在短时间内分类和处理大量文件　_____　　_____

8. 能使用计算机　　　　　　　　　　_____　　_____

9. 能收集数据　　　　　　　　　　　_____　　_____

10. 善于为自己或集体作财务预算表　 _____　　_____

统计"是"一栏得分计_____

第四部分　你所喜欢的职业

下面列举了多种职业，请逐一认真地看，如果是你有兴趣的工作，请在"是"栏里打"√"；如果是你不太喜欢、不关心的工作，请在"否"栏里打"×"。请全部作答。

R：现实型职业	是	否
1. 飞机机械师		
2. 野生动物专家		
3. 汽车维修工		
4. 木匠		
5. 测量工程师		
6. 无线电报务员		
7. 园艺师		
8. 长途公共汽车司机		
9. 火车司机		
10. 电工		

统计"是"一栏得分计_____

S：社交型职业	是	否
1. 街道、工会或妇联干部		
2. 小学、中学教师		
3. 精神病医生		

4. 婚姻介绍所工作人员		
5. 体育教练		
6. 福利机构负责人		
7. 心理咨询员		
8. 共青团干部		
9. 导游		
10. 国家机关工作人员		
	统计"是"一栏得分计_____	
I：研究型职业	是	否
1. 气象学者或天文学者		
2. 生物学者		
3. 医学实验室的技术人员		
4. 人类学者		
5. 动物学者		
6. 化学家		
7. 数学家		
8. 科学杂志的编辑或作家		
9. 地质学者		
10. 物理学者		
	统计"是"一栏得分计_____	
E：事业型职业	是	否
1. 厂长		
2. 电视片编制人		
3. 公司经理		
4. 销售员		
5. 不动产推销员		
6. 广告部长		

	是	否
7. 体育活动主办者		
8. 销售部长		
9. 个体工商业者		
10. 企业管理咨询人员		

统计"是"一栏得分计_____

A：艺术型职业	是	否
1. 乐队指挥		
2. 演奏家		
3. 作家		
4. 摄影家		
5. 记者		
6. 画家、书法家		
7. 歌唱家		
8. 作曲家		
9. 影视演员		
10. 节目主持人		

统计"是"一栏得分计_____

C：保守型职业	是	否
1. 会计师		
2. 银行出纳员		
3. 税收管理员		
4. 计算机操作员		
5. 簿记人员		
6. 成本核算员		
7. 文书档案管理员		
8. 打字员		
9. 法庭书记员		
10. 人口普查登记员		

统计"是"一栏得分计_____

第五部分　你的能力类型简评

下面两张表是你在 6 个职业能力方面的自我评定表。你可以先与同龄者比较出自己在每一方面的能力，经斟酌后对自己的能力作一评价。请在表中适当的数字上画圈。数字越大，表示你的能力越强。

注意，请勿全部画同样的数字，因为人的每项能力不可能完全一样。

表 A

R 型 机械操作能力	I 型 科学研究能力	A 型 艺术创作能力	S 型 解释表达能力	E 型 商业洽谈能力	C 型 事务执行能力
7	7	7	7	7	7
6	6	6	6	6	6
5	5	5	5	5	5
4	4	4	4	4	4
3	3	3	3	3	3
2	2	2	2	2	2
1	1	1	1	1	1

表 B

R 型 体力技能	I 型 数学技能	A 型 音乐技能	S 型 交际技能	E 型 领导技能	C 型 办公技能
7	7	7	7	7	7
6	6	6	6	6	6
5	5	5	5	5	5
4	4	4	4	4	4
3	3	3	3	3	3
2	2	2	2	2	2
1	1	1	1	1	1

第六部分　统计和确定你的职业取向

请将第二部分至第五部分的全部测验分数按前面已统计好的 6 种职业取向（R 型、I 型、A 型、S 型、E 型和 C 型）得分填入下表，并作纵向累加。

测试	R 型	I 型	A 型	S 型	E 型	C 型
第二部分						
第三部分						
第四部分						
第五部分 A						
第五部分 B						
总分						

请将上表中的6种职业取向总分按大小顺序依次从左到右排列：
_____型、_____型、_____型、_____型、_____型、_____型。
最高分←_____你的职业取向得分_____→最低分

第七部分 你所看重的东西——职业价值观

这一部分测验列出了人们在选择工作时通常会考虑的9种因素（见所附工作价值标准）。现在请你在其中选出最重要的两项因素，以及最不重要的两项因素，并将序号填入下边相应空格上。

最重要：_____　　　　　次重要：_____

最不重要：_____　　　　次不重要：_____

附　工作价值标准

1. 工资高、福利好；
2. 工作环境（物质方面）舒适；
3. 人际关系良好；
4. 工作稳定有保障；
5. 能提供较好的受教育机会；
6. 有较高的社会地位；
7. 工作不太紧张、外部压力小；
8. 能充分发挥自己的能力特长；
9. 社会需要与社会贡献大。

以上全部测验完毕。

现在，将你测验得分居第一位的职业类型找出来，对照以下资料，判断一下自己适合的职业类型。

R型：木匠、农民、操作X光的技师、工程师、飞机机械师、鱼类和野生动物专家、自动化技师、机械工（车工、钳工等）、电工、无线电报务员、火车司机、长途公共汽车司机、机械制图员、修理机器、电器师。

I型：气象学者、生物学者、天文学家、药剂师、动物学者、化学家、科学报刊编辑、地质学者、植物学者、物理学者、数学家、实验员、科研人员、科技作者。

A型：室内装饰专家、图书管理专家、摄影师、音乐教师、作家、演员、记者、诗人、作曲家、编剧、雕刻家、漫画家。

S型：社会学者、导游、福利机构工作者、咨询人员、社会工作者、社会科学教师、学校领导、精神病工作者、公共保健护士。

E型：推销员、进货员、商品批发员、旅馆经理、饭店经理、广告宣传员、调度员、律师、政治家、零售商。

C型：记账员、会计、银行出纳、法庭速记员、成本估算、税务员、核算员、打字员、办公室职员、统计员、计算机操作员、秘书。

下面介绍与你三个代号的职业兴趣类型一致的职业表，对照的方法如下：首先根据你的职业兴趣代号，在下表中找出相应的职业，如你的职业兴趣代号是 RIA，那么牙科技术人员、陶工等是适合你兴趣的职业；然后寻找与你职业兴趣代号相近的职业，如你的职业兴趣代号是 RIA，那么，其他由这三个字母组合成的编号（如 IRA、IAR、ARI 等）对应的职业，也较适合你的兴趣。

RIA：牙科技术员、陶工、建筑设计员、模型工、细木工、制作链条人员。

RIS：厨师、林务员、跳水员、潜水员、染色员、电器修理、眼镜制作人员、电工、纺织机器装配工、服务员、装玻璃工人、发电厂工人、焊接工。

RIE：建筑和桥梁工程、环境工程、航空工程、公路工程、电力工程、信号工程、电话工程、一般机械工程、自动工程、矿业工程、海洋工程、交通工程技术人员，制图员、家政经济人员、计量员、农民、农场工人、农业机器操作、清洁工、无线电修理、汽车修理、手表修理、管子工、线路装配工、工具仓库管理员。

RIC：船上工作人员、接待员、杂志保管员、牙医助手、制帽工、磨坊工、石匠、机器制造人员、机车（火车头）制造人员、农业机器装配人员、汽车装配工、缝纫机装配工、钟表装配和检验人员、电动器具装配人员、鞋匠、锁匠、货物检验员、电梯机修工、托儿所所长、钢琴调音员、装配工、印刷工、建筑钢铁工人、卡车司机。

RAI：手工雕刻、玻璃雕刻、制作模型人员、家具木工、制作皮革品人员、手工绣花人员、手工钩针编织人员、排字工人、印刷工人、图画雕刻人员、装订工。

RSE：消防员、交通巡警、警察、门卫、理发师、房间清洁工、屠夫、锻工、开凿工人、管道安装工、出租汽车驾驶员、货物搬运工、送报员、勘探员、娱乐场所的服务员、起卸机操作工、灭害虫者、电梯操作工、厨房助手。

RSI：纺织工、编织工、农业学校教师、某些职业课程教师（如艺术、商业、技术、工艺课程）、雨衣上胶工。

REC：抄水表员、保姆、实验室动物饲养员、动物管理员。

REI：轮船船长、航海领航员、大副、试管实验员。

RES：旅馆服务员、家畜饲养员、渔民、渔网修补工、水手长、收割机操作工、搬运行李工人、公园服务员、救生员、登山导游、火车工程技术员、建筑工人、铺轨工人。

RCI：测量员、勘测员、仪表操作者、农业工程技术、化学工程技师、民用工程技师、石油工程技师、资料室管理员、探矿工、船艄公、烧窑工、矿工、保养工、磨床工、取样工、样品检验员、纺纱工、炮手、漂洗工、电焊工、锯木工、刨床工、制帽工、手工缝纫工、油漆工、染色工、按摩工、木匠、农民建筑工人、电影放映员、勘测员助手。

RCS：公共汽车驾驶员、一等水手、游泳池服务员、裁缝、建筑工人、石匠、烟囱修建工、混凝土工、电话修理工、爆炸手、邮递员、矿工、裱糊工人、纺纱工。

RCE：打井工、吊车驾驶员、农场工人、邮件分类员、铲车司机、拖拉机司机。

IAS：普通经济学家、农场经济学家、财政经济学家、国际贸易经济学家、实验心理学家、工程心理学家、心理学家、哲学家、内科医生、数学家。

IAR：人类学家、天文学家、化学家、物理学家、医学病理学家、动物标本剥制者、化石修复者、艺术品管理员。

ISE：营养学家、饮食顾问、火灾检查员、邮政服务检查员。

ISC：侦察员、电视播音室修理员、电视修理服务员、验尸室人员、编目录者、医学实验室技师、调查研究者。

ISR：水生生物学者、昆虫学者、微生物学家、配镜师、矫正视力者、细菌学家、牙科医生、骨科医生。

ISA：实验心理学家、普通心理学家、发展心理学家、教育心理学家、社会心理学家、临床心理学家、目录学家、皮肤病学家、精神病学家、妇产科医生、眼科医生、五官科医生、医学实验室技术专家、民航医务人员、护士。

IES：细菌学家、生理学家、化学专家、地质专家、地理物理学专家、纺织技术专家、医院药剂师、工业药剂师、药房营业员。

IEC：档案保管员、保险统计员。

ICR：质量检验技术员、地质学技师、工程师、法官、图书馆技术辅导员、计算机操作员、医院听诊员、家禽检查员。

IRA：地理学家、地质学家、水文学家、矿物学家、古生物学家、石油学家、地震学家、声学物理学家、原子和分子物理学家、电学和磁学物理学家、气象学家、设计审核员、人口统计学家、数学统计学家、外科医生、城市规划家、气象员。

IRS：流体物理学家、物理海洋学家、等离子体物理学家、农业科学家、动物学家、食品科学家、园艺学家、植物学家、细菌学家、解剖学家、动物病理学家、作物病理学家、药物学家、生物化学家、生物物理学家、细胞生物学家、临床化学家、遗传学家、分子生物学家、质量控制工程师、地理学家、兽医、放射治疗技师。

IRE：化验员、化学工程师、纺织工程师、食品技师、渔业技术专家、材料和测试工程师、电气工程师、土木工程师、航空工程师、行政官员、冶金专家、原子核工程师、陶瓷工程师、地质工程师、电力工程师、口腔科医生、牙科医生。

IRC：飞机领航员、飞行员、物理实验室技师、文献检查员、农业技术专家、动植物技术专家、生物技师、油管检查员、工商业规划者、矿藏安全检查员、纺织品检验员、照相机修理者、工程技术员、编计算机程序者、工具设计者、仪器维修工。

CRI：簿记员、会计、记时员、铸造机操作工、打字员、按键操作工、复印机操作工。

CRS：仓库保管员、档案管理员、缝纫工、讲述员、收款人。

CRE：标价员、实验室工作者、广告管理员、自动打字机操作员、电动机装配工、缝纫机操作工。

CIS：记账员、顾客服务员、报刊发行员、土地测量员、保险公司职员、会计师、估价员、邮政检查员、外贸检查员。

CIE：打字员、统计员、支票记录员、订货员、校对员、办公室工作人员。

CIR：校对员、工程职员、海底电报员、检修计划员、发报员。

CSE：接待员、通信员、电话接线员、卖票员、旅馆服务员、私人职员、商学教师、旅游办事员。

CSR：运货代理商、铁路职员、交通检查员、办公室通信员、簿记员、出纳员、银行财务职员。

CSA：秘书、图书管理员、办公室办事员。

CER：邮递员、数据处理员、航空邮件检查员。

CEI：推销员、经济分析家。

CES：银行会计、记账员、法人秘书、速记员、法院报告人。

ECI：银行行长、审记员、信用管理员、地产管理员、商业管理员。

ECS：信用办事员、保险人员、各类进货员、海关服务经理、售货员、购买员、会计。

ERI：建筑物管理员、工业工程师、农场管理员、护士长、农业经营管理人员。

ERS：仓库管理员、房屋管理员、货栈监督管理员。

ERC：邮政局长、渔船船长、机械操作领班、木工领班、瓦工领班、驾驶员领班。

EIR：科学、技术和有关周期出版物的管理员。

EIC：专利代理人、鉴定人、运输服务检查员、安全检查员、废品收购人员。

EIS：警官、侦察员、交通检验员、安全咨询员、合同管理者、商人。

EAS：法官、律师、公证人。

EAR：展览室管理员、舞台管理员、播音员、驯兽员。

ESC：理发师、裁判员、政府行政管理员、财政管理员、工程管理员、职业病防治、售货员、商业经理、办公室主任、人事负责人、调度员。

ESR：家具售货员、书店售货员、公共汽车的驾驶员、日用品售货员、护士长、自然科学和工程的行政领导。

ESI：博物馆管理员、图书馆管理员、古迹管理员、饮食业经理、地区安全服务管理员、技术服务咨询者、超级市场管理员、零售商品店店员、批发商、出租汽车服务站调度。

ESA：博物馆馆长、报刊管理员、音乐器材售货员、广告商售画营业员、导游、（轮船或班机上的）事务长、飞机上的服务员、船员、法官、律师。

ASE：戏剧导演、舞蹈教师、广告撰稿人、报刊专栏作者、记者、演员、英语翻译。

ASI：音乐教师、乐器教师、美术教师、管弦乐指挥、合唱队指挥、歌星、演奏家、哲学家、作家、广告经理、时装模特。

AER：新闻摄影师、电视摄像师、艺术指导、录音指导、丑角演员、魔术师、木偶戏演员、骑士、跳水员。

AEI：音乐指挥、舞台指导、电影导演。

AES：流行歌手、舞蹈演员、电影导演、广播节目主持人、舞蹈教师、口技表演者、喜剧演员、模特。

AIS：画家、剧作家、编辑、评论家、时装艺术大师、新闻摄影师、男演员、文学作者。

AIE：花匠、皮衣设计师、工业产品设计师、剪影艺术家、复制雕刻品大师。

AIR：建筑师、画家、摄影师、绘图员、环境美化工、雕刻家、包装设计师、陶器设计师、绣花工、漫画工。

SEC：社会活动家、退伍军人服务官员、工商会事务代表、教育咨询者、宿舍管理员、旅馆经理、饮食服务管理员。

SER：体育教练、游泳指导。

SEI：大学校长、学院院长、医院行政管理员、历史学家、家政经济学家、职业学校教师、资料员。

SEA：娱乐活动管理员、国外服务办事员、社会服务助理、一般咨询者、宗教教育工作者。

SCE：部长助理、福利机构职员、生产协调人、环境卫生管理人员、戏院经理、餐馆经理、售票员。

SRI：外科医师助手、医院服务员。

SRE：体育教师、职业病治疗者、体育教练、专业运动员、房管员、儿童家庭教师、警察、引座员、传达员、保姆。

SRC：护理员、护理助理、医院勤杂工、理发师、学校儿童服务人员。

SIA：社会学家、心理咨询者、学校心理学家、政治科学家、大学或学院的系主任、大学或学院的教育学教师、大学农业教师、大学工程和建筑课程的教师、大学法律教师、大学数学教师、医学教师、物理教师、社会科学和生命科学的教师、研究生助教、成人教育教师。

SIE：营养学家、饮食学家、海关检查员、安全检查员、税务稽查员、校长。

SIC：描图员、兽医助手、诊所助理、体检检查员、监督缓刑犯的工作者、娱乐指导者、咨询人员、社会科学教师。

SIR：理疗员、救护队工作人员、手足病医生、职业病治疗助手。

SAC：理发师、指甲修剪师、包装艺术家、美容师、整容专家、发式设计师。

SAE：听觉病治疗者、演讲矫正者。

SAR：图书馆管理员、小学教师、幼儿园教师、学前儿童教师、中学教师、师范学院教师、盲人教师、智力障碍人的教师、聋哑人的教师、学校护士、牙科助理、飞行指导员。

第 2 章
人员素质结构

 引导案例

该选哪一个？

Martha Wilson 是 National 薄煎饼屋新任的经理。National 是一家很大的连锁饭店，Martha 所在的这家是第 827 分店。Martha 相信如果她把 827 分店管理好，就有机会在公司得到提升。她还梦想有一天拥有属于自己的饭店。

一天早上喝完咖啡之后，她坐在办公室中盯着文件，一个问题闯入她的脑海。她在思考关于两个在职厨师的事情：Lenny 和 Harry。Lenny 24 岁，已在 National 当了近六年的厨师。他在当地读完高中，这是他毕业后的唯一一份工作。除了一年中可能的一两天病假外他从不旷工。所有人都喜欢 Lenny：同事、上司及顾客。这是显而易见的，因为他工作出色并且待人友好。例如有一天，Martha 看到 Lenny 正和一位顾客交谈，一位大约 13 岁的小姑娘走向 Lenny 要求续份（National 有规定是可以免费续餐的），他非常礼貌地问她需要续多少。小姑娘说："噢，我不知道，一个或者两个吧。"

没有让小姑娘排队等候，他建议她先坐下来，他会将煎饼送过来的。他取来一个托盘，上面三个煎饼摆成这样：

由于他努力逗小姑娘开心并开了个小玩笑，小姑娘和她的家人很高兴，他们告诉 Martha 他们乐意再来。

另一个厨师是 Harry。19 岁的 Harry 高中没毕业，他已在 National 工作了三年。人

们只是容忍他而并不喜欢他，大多同事会忽视他，他与同事、老板和顾客交流很少，能不说话就尽量不说。他经常迟到和旷工，并且每十次中大概会有一次他的食物会被退回。他也不觉得工作有乐趣。不过情况还没有糟糕到他会被解雇的地步。

Martha 想知道为什么 Lenny 和 Harry 有这么多不同，并且如果可能的话自己是否能做些什么。这将影响到她的工作，因为她现在必须要再雇用一个厨师。在这个农忙季节 827 分店的生意比往常增长得更快，因此需要增加员工，并且至少要有一名新厨师。Martha 想知道她如何确切地挑选到一个像 Lenny 而不是像 Harry 的人。

资料来源：伊万切维奇．人力资源管理．11 版．北京：机械工业出版社，2011．

思考：你能够用自己的语言描述一下 Lenny 到底是一个什么样的人吗？Harry 呢？

2.1 素质及其结构

在现代社会中，"素质"一词比比皆是。素质教育、民族素质、企业素质、个人素质、身体素质、心理素质，"这方面的素质你比我强"，类似的口头语与书面语，比比皆是。然而当我们深究什么是素质时，却又十分模糊，说不清楚。在这里，探讨的是人员素质测评，素质是测评的基本对象，对象不清楚又何以进行测评呢？

2.1.1 素质的概念

所谓素质，不同学科、不同学者从不同的角度有着不同的解释。

"素"字意为生帛，引为"白""无色""原""本""真"，也指构成事物的基本成分或带根本性的物质。

"质"字意为"独立于人的意识以外的客观存在"，是"底子""物类的本体""禀性"。

将"素"与"质"组合为"素质"一词，显然是指构成事物的基本成分或事物的根本属性。《现代汉语词典》解释为人或事物本来的特点或性质。《文选·张华·励志诗》中有"虽劳朴斫，终负素质"之说，意犹"本质"。事物叫本质，个人称素质。

"素质"一词，还多见于心理学。心理学把"素质"解释为人的先天的解剖生理特点，主要是感觉器官和神经系统方面的特点。[①] 所以，素质实质上包括两层含义：一是构成事物的基本特点和属性；二是个体完成一定活动与任务所具备的基本条件和基本特点，是行为的基础与根本因素，包括生理素质与心理素质两个方面，如健康状况、视力、听力、体力、体能等一般生理指标，智力、人格等心理特点。

不同的研究领域或学科，对素质的理解有一定的差别。在人力资源管理的研究和实践中所涉及的"人员素质"一词，指的是上述两层含义中的第二层含义，即指影响员工工作绩效的一般条件。它对一个人的身心发展、工作潜力和工作成就的提高起到决定性的作用。需要指出的是，影响员工工作绩效的条件很多，既有源于职工自身的条件，

---

① 朱智贤．心理学大辞典．北京：北京师范大学出版社，1989．

也有源于职工自身之外的环境条件，如企业的制度、人际关系、领导方式等。人员素质指的是那些影响员工工作绩效的自身条件和因素。换句话说，人员素质是影响个体（个人）从事一定活动的自身因素，它区别于对于一定群体活动方向、性质、效率和方式的影响因素，这也就意味着人员素质是个体固有的特点而非源于环境的规定性。

人员素质是个体完成任务、形成绩效及继续发展的前提，它对于人的行为活动、成长、发展起着基础作用。离开了这种前提和基础，人就无法完成特定的意识行为，实现既定的活动目标。世界上较为著名的企业家与政治家，都具有喜欢冒险、精神饱满、乐观自信、健谈开朗、心雄志壮等共同的素质。

当然，这并不是说一个人一旦具备了良好的素质，就一定能在工作中表现出良好的绩效。良好的素质仅仅为良好的绩效提供一种可能性，而非必然性。素质只是事业成功、发展顺利的静态条件，还需动态条件的保证，这就是素质功能发挥的过程及其制约因素的影响。素质与绩效、素质与发展都是互为表里的。素质是绩效与发展的内在条件，而绩效与发展是素质的外在表现。

2.1.2 素质的特征

1. 内在性和稳定性

素质虽然是任何个体身上的一种客观实在，但却是看不见、摸不着、说不清的东西，具有隐蔽性与抽象性；同时素质是作为高度统一的个体行为与特点的稳定的结构因素。这种稳定的结构因素，并不是存在于一时一事中，而是体现于个体活动的全部时空中。素质表现为一个人某种经常性的和一贯性的特点。在个体活动的全部时间与空间中，素质的表现在时间上虽然偶尔间断，但总体却是持续的；素质的表现在空间上虽然有时相异，但总体上却是一致的。素质表现的这种持续性与一致性，就总括为素质的稳定性。

2. 表出性和差异性

素质虽然是内在的与隐蔽的，但它却会通过一定的形式表现出来。行为方式、工作绩效与行为结果（包括工作产品在内）是素质表现的主要媒介与途径。个体的内在素质与外在行为方式、工作绩效与行为产品构成一个耗散结构系统，内外具有统一性。就个别素质与个别行为来说，不一定具有一一对应的关系，但就总体来说，特定个体的特定素质会以特定的形式表现，而特定的表现形式反映着特定个体的特定素质；同时个体间的素质是存在差异的。这种差异表现于每个人的行为方式、行为产品与工作绩效之中。有人活泼好动，有人沉静安详；有人快人快语，有人木讷寡言；有人思维敏捷，有人反应迟钝，一般人只能分辨出两三种蓝色色度，而专门从事蓝色染织的工人能分辨出几百种不同的蓝色色度。容貌有美丑，体质有强弱，能力有大小，品德有好坏。无论是同一个体的各种素质比较还是不同个体的同一素质比较，真是"横看成岭侧成峰，远近高低各不同"。

个体素质的表出性，体现为素质表现的实在性与具体性。个体的每种素质一般都表现在具体而实在的行为方式、行为产品与工作绩效之中。

3. 综合性和可分解性

同一个体的各种素质、同一素质的各种成分，都是作为高度统一的有机体存在于个体之中的，它们相互联系、难分难割，统一地作用于行为方式、行为产品与工作绩效之上。

素质的综合性还表现在素质对行为辐射的共同性、普遍性与全时空性。因此，对任何一个人与任何一种素质的测评，都不应该凭一事一时断言，而应该依据所有的行为表现进行综合评判。

素质对个体行为辐射的综合性与全时空性，并不排斥认识上对它的可分解性。任何个体的素质都不是单一的，它是一个复杂的系统。要想在特定时空下同时把握所有的素质十分困难，甚至是不可能的；可以先从素质的表现媒介中逐一地去认识单个的素质，然后再去把握整体的素质。

4. 可塑性和层次性

个体的素质是在遗传、环境与个体能动性三个因素共同作用下形成和发展的，并非天生不变的，因而具有一定的可塑性。不健全的素质可以通过开发变得健全起来；成熟的素质也许会退化萎缩；缺乏的素质可以通过实践和学习获得不同程度的补偿；一般性的素质可以训练成为特长素质。

每个人的素质具有不同的结构层次，有核心素质、基本素质与生成素质等不同的层次区分。核心素质是基本素质的基础，基本素质是生成素质的基础。

此外，在素质结构中，素质是与水平相区别的。素质优劣表现为行为水平高低，水平绝不是素质。然而这又不是绝对的。基本能力的水平相对实际能力来说，却又是一种素质，因为基本能力的水平高低直接决定了实际能力的大小。

2.1.3 素质结构

素质结构，即素质的构成，它是指构成素质的基本成分或因素以及各因素之间的关系，包括基本成分、因素与层次。不同的学科与不同的人有不同的划分。

1. 素质的两分法

在这里，暂且把个体素质划分为身体素质与心理素质两大类。身体素质是指个体的体质、体力和精力的总和。良好的身体素质是其他一切素质发展与事业成功的生理基础。体质为人体的健康水平、抵抗疾病和适应外界环境的能力。体质是在遗传和变异的基础上，人体所表现出来的形态和机能方面相对稳定的特征，包括人体形态、结构、体形及各器官系统的机能等。体力是个体有效从事体力活动的机体能力。精力是指个体行为活动的紧张程度和耐久力。

心理素质包括智能素质、品德素质、文化素质、心理健康素质等。所谓智能素质，包括知识、能力、技能和才能。技能是技术水平与操作经验，而才能是指专长，即在兴趣、天赋的基础上所形成的高水平的能力。品德素质包括政治品质、思想品质、道德品质。文化素质是指个体文化的广度、深度以及工作生活的经验，包括学校教育程度、自我学习程度和社会化程度等内容。心理健康素质是衡量一个具体人员身心发展的综合素质指标内容，在 21 世纪及未来社会的人员素质测评中居于重要地位。

心理素质是个体发展与事业成功的关键因素。美国著名心理学家特尔曼曾对 800 名男性成人进行过绩效考评与心理测验，发现其中成就最大的 20% 与成就最小的 20% 两组人之间，最明显的差异体现在心理素质方面。成就最大组，在兴趣、谨慎、自信、开拓进取、不屈不挠和坚持性方面，明显地高于成就最小组，因此心理素质测评应成为我们测评的重点。

素质构成体系如图 2-1 所示。

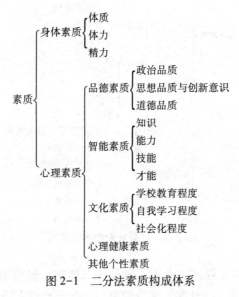

图 2-1　二分法素质构成体系

2. 素质的三分法

有的学者认为二分法中的素质结构体系亦存在一些值得商榷的问题。首先，将文化素质归于心理素质同品德素质和智能素质并行，显得有些牵强。该观点所谓的文化素质实质是个体社会化（家庭、社会、学校及自我教育与影响）过程中，所获得的知识经验及其层次和结构。简单地说，它是一种知识素质。尽管知识从获得到应用都离不开人的心智活动，但作为经验存在的知识与人的心理现象却是相对独立的。其次，二分法把知识素质又作为智能素质的一种，同智力、才能等并行亦值得商榷，至少这里的"知识"与"文化素质"两者在内涵上实难相互独立。另外，品德素质（即政治、思想、道德品质）并非是一种独立的心理素质，实在是一种态度、信念和世界观倾向及人格特点的独特表现形式。

研究素质结构的核心目的是为人力资源管理提供理论基础，为素质测评提供可操作性依据。因此，本着科学性和可操作性原则，从三个方面建构人员素质的结构体系。

三分法将人员素质分为生理素质、心理素质和知识素质三个相对独立的构成成分，如图 2-2 所示。

1）生理素质

生理素质是指影响个体活动方式、能力和效率的解剖与生理特点，是个体的内在规

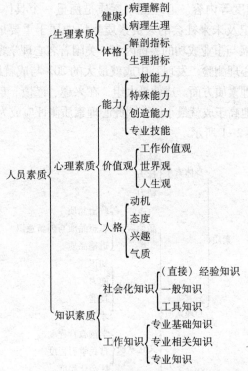

图 2-2 三分法素质构成体系

定性。生理素质可以从两个层次去考察，即健康与体格。健康用以反映个体疾病的易患性、严重程度和持续时间，以及恢复健康的难易和康复程度等方面的特点。简言之，健康素质反映了机体的抗疾病能力。体格用以反映健康个体生理机能质的层次性和功能的倾向性特点，如个体力量上的差异、心脏负荷能力的差异等。简言之，体格素质反映了个体在健康状态下的形态与功能等级及其倾向性。它是在遗传的基础上表现出来的人体形态结构、生理机制和调节功能。包括力量素质、速度素质、耐力素质、柔韧度素质和对环境条件的适应能力、应激能力与对疾病的抵抗力等。身体素质的衡量标准是客观的，可以通过遗传学、生理学及医学来检测，因而是显性的。

随着社会职业的发展，整个社会出现了体力劳动脑力化的趋势。从表面上看，这种脑力化趋势似乎对人的身体素质要求开始下降，但事实上，由于身体素质是其一切活动的基础和保证，所以越是趋向于脑力化，越应重视提高员工的身体素质。

2）心理素质

个体心理素质传统的分法有两种：一种是把心理素质分成个性心理倾向（需要、动机、兴趣、信念等）和个性心理特征（能力、气质、性格）；另一种是简单地将之区分为智力因素与非智力因素。这两种分法在内容上并无差异，只是考察问题的角度不同而已。从心理测量学的角度看，将心理素质区分为能力、价值观与人格，则既可以涵盖心理素质的全部内容，又便于人员素质测评。能力包括一般能力（智力）、特殊能力（职业能力）、创造能力和专业技能，它是个体顺利完成活动，并直接影响活动效率的最基本的心理特征。

价值观是指人的认识过程、情感过程、意志过程的具体特征及人的个性心理特征与个性倾向性的具体特征。价值观是个体对于客观现实的价值评量倾向，是个体行为活动的动力体系。

人格是个体所具有的所有品质、特性和行为方式的差异的总和，这种差异加上身体特征使得每一个人都具有自己独特的个性，表现为个体对人、对事、对己在知、情、意等心理活动中所表现出来的特征。如卡特尔把人格因素概括为乐群性、聪慧性、实验性、独立性、自律性、紧张性等16种品质。

心理素质的水平直接影响人的自身发展、人的活动效率及对各种环境变化的适应情况。心理素质的衡量标准是客观的，但表现基本上是隐性的，测评中应考虑到心理素质测评与民族性格、传统文化的相关性问题。个体的心理素质一般由心理素质测评量表测定。

3) 知识素质

知识素质是个体习得的直接经验和间接经验的总和。根据知识素质对人的工作和生活的影响程度不同，可以将之区分为社会化知识（或称生活知识）和工作知识。社会化知识是指那些对个体日常生活产生重要影响的知识，包括（直接）经验知识、一般知识和工具知识。工作知识则是指那些对人的工作或劳动产生重要影响的知识，包括专业基础知识、专业相关知识和专业知识。人员素质测评中，主要考察的是人的工作知识，其中又以专业基础知识和专业知识为主。

人力资源的三类素质密切关联，相互促进又相互制约。生理素质是心理素质、知识素质的基础；心理素质与知识素质互为基础、相辅相成。知识素质和心理素质对生理素质也有一定的反作用：具有较高知识素质的个体往往能主动、有效地趋利避害，提高生理素质；同样的，良好的心理素质能使个体更自如地面对生活和工作，主动调整和提高生理素质。

也有人把个体素质划分为德、识、才、学、体五要素。唐代刘知几提出"史有三长"，即才、学、识；宋代司马光说："唯德才兼具者贤士也。"毛泽东同志提倡要德、智、体全面发展。故人们把它们综合为"德、才、学、识、体"或"德、智、体"几种素质。

2.2 胜任特征模型

在当今时代，人力资源管理将面临一系列的社会经济变化，公司的财富更加依赖于其员工所具备的胜任公司发展需要的能力，企业不可模仿的核心竞争力的形成将来自对员工胜任能力尤其是那些具有很高专业技术和能力的员工能力的管理。可以说，人力资源管理就是员工胜任能力资源的管理。因此，对于高层次的技术、市场和管理岗位来说，企业应当选拔具有适当核心动机和特质的胜任者，有针对性地对员工进行基于胜任特征的素质测评，引导人力资本在特定岗位所需的知识和技能具有最高投资效益。

2.2.1 胜任特征概述

1. 胜任特征的概念

胜任特征（competency）是美国心理学家麦克利兰1973年在《美国心理学家》刊物上发表的《测量胜任素质而非智力》一文中提出的重要概念和相关研究方法。麦克利兰认为，真正影响工作业绩的个人条件和行为特征就是胜任特征。1993年，美国心理学家斯班瑟对胜任特征进行了新的界定：胜任特征指"能将某一工作（或组织、文化）中有卓越成就者与表现平平者区分开来的个人的深层次特征，它可以是动机、特质、自我形象、态度或价值观、某领域知识、认知或行为技能——任何可以被可靠测量或计数的并且能显著区分优秀与一般绩效的个体的特征"。麦克利兰不仅提出了胜任特征这一全新概念，而且组织研发小组开发了测试胜任素质的技术，创造了行为事件访谈（behavioral event interview, BEI）的新方法。通过行为事件的访谈，辨认符合岗位要求和职业标准的胜任素质，建立胜任素质模型。总之，胜任特征是与工作绩效、岗位职责和个人资质相结合的任职资格标准，即具备一定的知识、一系列可以预期的行为和特定的工作成果。

胜任特征能够在广泛的环境和工作任务中预测人的行为，自上至下可包括以下几个层面。

（1）技能：将事情做好的能力（如商业策划能力）。

（2）知识：对某职业领域有用信息的组织和利用（如对产品市场营销策略的了解）。

（3）社会角色：一个人在他人面前试图表现的形象（如以企业领导、主人的形象展现自己）。

（4）自我概念：对自己身份的认识或知觉（如将自己视为权威或教练）。

（5）特质：身体特征及典型的行为方式（如善于倾听他人、谨慎、做事持之以恒等）。

（6）动机：决定外显行为的自然而稳定的思想（如总想把事情办好，控制影响别人，让别人理解、接纳、喜欢自己）。

上述概念包括三个需要考虑的问题：深层次特征、引起或预测优劣绩效的因果关联和参照效标。深层次特征指胜任特征，是人格中深层和持久的部分，它显示了行为和思维方式，具有跨情境和跨时间的稳定性，能够预测多种情境或工作中人的行为。可以把胜任特征描述为在水中漂浮的一座冰山。水上部分代表表层的特征，如知识、技能等；水下部分则代表深层的胜任特征，如社会角色、自我概念、特质和动机等。后者是决定人们的行为及表现的关键因素。因果关联指胜任特征能引起或预测行为和绩效。一般来说，动机、特质、自我概念和社会角色等胜任特征将预测行为反应方式，而行为反应方式又影响工作绩效。其模式可以表述为：意图→行为→结果。也就是说，只有能够引发和预测某岗位的工作绩效和工作行为的深层次特征，才是该职位的胜任特征。胜任特征总是包括意图，也就是动机、特质、自我概念、社会角色和知识。如果一种行为不包括意图，就不能称之为胜任特征。参照效标，即衡量某特征品质预测现实情境中工作优劣的效度标准，是胜任特征定义中最为关键的方面。一个特征品质如果不能预测什么有意义的差异（如工作绩效方面的差异），则不能称之为胜任特征。

值得一提的是，当我们谈到胜任特征时，应该从组织需求的角度出发，来看其对个体提出的胜任特征方面的要求。这些胜任特征要求是一个组织成功的必备条件，也是一个组织最为重视的胜任特征表现。

2. 胜任特征的分类

通常从胜任特征的适用范围，将其分为核心胜任特征（core-competency）和专业胜任特征（specific-competency）。其中，核心胜任特征是针对组织中所有员工的、基础且重要的要求，它适用于组织中所有的员工，无论其所在何种部门或承担何种岗位；而专业胜任特征是依据员工所在的岗位群，或是部门类别有所不同，它是为完成某类部门职责或岗位职责员工应具有的综合素质。

另外，从胜任特征的行为表现形式来看，又有通用（threshold-competency）和差别（performance-competency）之分。有些胜任特征所有的表现者只有唯一的行为表现形式，不会有表现较好者和表现较差者之分，称之为通用胜任特征；有些胜任特征会依据不同的表现者有不同层次的表现，称之为差别胜任特征。

一个核心胜任特征的表现形式可能是通用的，也可能是有差别的；同样，一个专业胜任特征也有可能是通用的，也可能是有差别的。

2.2.2 基于胜任特征的员工素质测评的作用

对员工进行基于胜任特征的素质测评在人力资源管理中起着基础性的作用。它为企业的人员选聘、任用和调配及培训等提供比较客观、可靠的依据，同时对员工自身也起到一定的积极作用。

1. 对人员选聘、任用和调配的作用

传统的人员选聘、任用和调配一般比较重视考察人员的知识、技能等外显特征，而没有针对难以测量的核心的动机和特质来选聘、任用和调配员工。但如果选聘、任用和调配的人员不具备该岗位所需要的深层次的胜任特征，要想改变该员工的深层特征却又是培训难以解决的问题。这对于企业来说是一个重大的失误与损失。相反，对员工进行基于胜任特征的素质测评可以帮助企业物色到具有适当核心的动机和特质的员工，这样既可避免由于人员挑选失误所带来的不良影响，也减少了企业的培训支出。

2. 对员工培训的作用

一般来说，培训的目的与要求就是帮助员工提高素质，弥补技能上的不足，从而达到岗位要求。而培训所遵循的经济性原则就是投入最小化、收益最大化。基于胜任特征的员工素质测评可以针对岗位要求，结合现有人员的胜任特征状况，为员工量身定做培训计划，帮助员工弥补自身"短木板"的不足，有的放矢地突出培训的重点，节省培训开支,提高培训的效用,进一步开发员工的潜力,为企业创造更多的效益。

3. 对员工自身的作用

基于胜任特征的员工素质测评可以帮助员工进行自我了解、自我设计与自我开发。每个人对自我并不是全部地了解,尤其是对自己素质的潜能部分。每个人都是通过他人对自己的评价或者自己与他人的比较来认识自我的,而基于胜任特征的员工素质测评则是通过一定的技术设计,使员工对自己的素质认识科学化与标准化,让自己的潜能得到充分的展现,从而达到自我了解、自我设计、自我开发与成才的目的。

2.2.3 基于胜任特征素质测评的模型建立

1. 胜任特征模型

胜任特征模型是将胜任特征(职业素养、能力和知识)按内容、按角色或是按岗位有机地组合在一起,职业素养、能力和知识中的每项内容都会有相关的行为描述,通过这些可观察、可衡量的行为描述来体现员工对于该项职业素养、能力和知识的掌握程度。胜任特征模型可广泛运用于人力资源管理的各项业务中,如员工招聘、员工发展、工作调配、绩效评估及员工晋升等。

胜任特征模型是企业核心竞争力的具体表现。推行胜任特征模型可以规范员工在职业素养、能力和知识等方面的行为表现,实现企业对员工的职责要求,确保员工的职业生涯和个人发展计划与企业的整体发展目标、客户需求保持高度一致,推动战略目标的实现,从而赢得竞争优势。

理解和满足客户需要的胜任特征如表2-1所示。

表2-1 理解和满足客户需要的胜任特征

胜任特征名称	胜任特征定义
理解和满足客户需要	为客户提供服务,有帮助或与之协同工作的意愿,包括理解和满足内部客户、外部客户的需要的主动性和坚持性
行为指标等级	水平1 在客户问题出现后作出反应 水平2 主动寻求理解客户问题 水平3 对解决客户问题充分承担责任 水平4 超越客户问题添加服务价值 水平5 理解客户深层需要 水平6 成为客户忠诚的建议者 水平7 为客户与组织的长期互惠牺牲短期利益

可以看到,该胜任特征模型表明了胜任特征的名称(理解和满足客户需要),并对该定义进行了符合职位具体要求的解释。更为重要的是,从基本合格的行为等级水平1(在客户问题出现后作出反应)到最优秀的表现等级水平7(为客户与组织的长期互惠牺牲短期利益)作了详尽的描述。这样,我们就能清楚地知道,该职位表现平平者和

表现优异者在行为水平的差异究竟是什么。这就为我们选拔、培训、行为评价和反馈，以及后来的职业生涯发展提供了准确的依据，我们也就能更好地理解开发关键职位胜任特征模型的意义。

2. 胜任特征模型包含的特征要素

不同职位、不同行业、不同文化环境中的胜任特征模型是不同的，对大部分行业而言，其工作成功最常见的有20个胜任特征，主要分为六大类。

（1）成就特征：成就欲、主动性、关注秩序和质量。
（2）助人/服务特征：人际洞察力、客户服务意识。
（3）影响特征：个人影响力、权限意识、公关能力。
（4）管理特征：指挥、团队协作、培养下属、团队领导。
（5）认知特征：技术专长、综合分析能力、判断推理能力、信息寻求。
（6）个人特征：自信、自我控制、灵活性、组织承诺。

3. 建立测评模型的步骤

企业开展基于胜任特征的员工素质测评，首先应确立并依照科学的程序来实施。一般来说，可按以下几个基本步骤依次进行。

（1）定义绩效标准。可以采用指标分析和专家小组讨论的办法，提炼出鉴别工作优秀的员工与工作一般的员工的绩效标准。这些指标应有硬指标，如利润率、销售额等，还必须有软指标，如行为特征、态度、服务对象的评价等。

（2）选取分析样本。根据第一步确定的绩效标准来选择适当的表现优秀的样本和表现一般的样本，并以此作为对比样本。

（3）获取分析样本有关胜任特征的数据资料，主要方法是行为事件访谈法。

（4）信息的整理与归类编码，建立基于胜任特征的员工素质测评模型。

（5）验证基于胜任特征的员工素质测评模型。可以选择另外两组样本重复上面的第三步与第四步，进行效度检验，也可以选择合适的效样对所得模型进行比较、评价。

（6）将基于胜任特征的员工素质测评模型应用于实际的测评过程中。

4. 建立测评模型运用的技术方法

建立科学和适用的基于胜任特征的员工素质测评模型，是搞好员工素质测评的关键环节。在该环节的工作中，至关重要的是运用好以下三个方面的技术方法。

1）定义绩优标准

就是要制定一套客观、明确的定性与定量的基准指标，用来衡量和判定什么样的绩效是优秀的，什么样的绩效是差的。根据多数企业日常绩效考核的实践经验，有些职位的绩优标准是显而易见的，并且比较容易确定，如销售人员的销售额，操作工的日常劳动生产率、次品率等。而对于大多数职位而言，其工作重点在于满足客户及内部员工的需要，为业务运营的顺利开展提供支持与保障等方面，因此除了考虑该职位对工作成果的数量、质量以及完成的及时性等方面的适当要求之外，还要考虑该职位的上级、同级及其他相关人员对该职位在协作、配合、互助等方面的合理要求，并将其作为确定该职位绩优标准的依据之一。

2）行为事件访谈法的运用

行为事件访谈法是一种开放式的行为回顾式调查技术，是揭示胜任特征的主要手段。在运用时，它要求被访谈者列出他们在管理工作中发生的关键事例，包括成功事件、不成功事件和负面事件各若干项，并且让被访谈者详尽地描述整个事件的起因、过程、结果、时间、关键任务、涉及的范围及影响层面等，具体包括：这个情景是怎样引起的？牵涉哪些人和事？被访谈者当时是怎么想的？感觉如何？在当时的情形中想完成什么？实际上又做了些什么？结果如何？此外，在访谈结束时，最好让被访谈者自己总结一下事件成功或不成功的原因。行为事件访谈法一般采用问卷和面谈相结合的方式。在进行面谈之前，访谈者一般应先拟订一个提问的提纲以便把握面谈的方向与节奏。访谈者在访谈时，应尽量让访谈对象详尽地描述他们亲力亲为的行为事件，特别是成功或失败的工作经历，了解他们是如何做的、感想又如何等。由于访谈的时间较长，访谈者在征得被访谈者同意后应采用录音设备把内容记录下来，以便如实、准确地整理出格式统一的访谈报告。

3）信息的整理与归类编码

主要通过行为访谈报告提炼胜任特征，对行为事件访谈报告内容进行分析、归纳，统计出各种胜任特征在报告中出现的频次，并对行为表现的复杂度和广度水平进行编码。而在进行信息整理和归类编码后，还要进行以下几个方面的分析，并作出相应的适当处理。

首先，分析访谈资料归纳的各项素质特征是否都整合到一起了，有无因为素质特征名称或其他措辞定义的原因造成的疏漏。

其次，考虑到素质特征出现的频率，具备该素质特征时能够取得的成效或者缺乏时会产生的后果，在未来工作中的必要性，对公司业务及战略执行的影响等方面的因素，哪些素质特征是最重要的，是企业最关注的，或是企业中员工最薄弱与缺乏的。

再次，素质特征的各种表现是否具有典型性，是多数绩优人员都具备，还是仅有一部分人员具备；是大多数绩效一般的人员都不具备，还是只有一部分人员不具备。

最后，访谈及其他相关资料是否真实可信，有无什么特殊情况或遗漏等。

2.2.4 实施素质测评的注意事项

基于胜任特征的员工素质测评的主要优点在于，它是一种不受被访谈者的经验影响的方法，相对于其他方法，其操作性、规范性较强，从而可以对被测评者进行更加公正合理有效的测评。在实际中根据设计模型进行基于胜任特征的员工素质测评，需要把握以下几个方面。

（1）根据已确定的胜任特征，结合企业的特点，编制用于案例分析、小组讨论及角色扮演等的题材。在进行测评时，如果试图通过一个案例或讨论来评价所有素质特征，将会使整个测评过程过于复杂和费时，并且影响测评的准确性。因此，通常一个工作活动对应的胜任特征数量为2~4个。例如，通过处理客户投诉的案例，测评被评价者的人际理解力、沟通能力、灵活性及客户服务意识等。

（2）在具体实施胜任特征测评的过程中，测评人员必须观察被评价者的语言、动作、表情和态度等各个方面，并详尽记录每项行为表现，用实际事例证明被评价者的行为与对应素质层级之间的联系，并由此归纳与整理出被评价者的素质特征。

（3）依据基于胜任特征的素质测评结果及相应的职位素质要求，可以开展基于胜任特征的人力资源管理工作。员工及主管可以由此选择并规划适合企业与个人发展需要的职业生涯与成长路径。

（4）基于中国大多数企业的现实情况，员工的胜任特征测评结果不宜公开，只供员工本人择业择岗以及企业作选聘、任用、调配、绩效沟通辅导、培训等人力资源管理工作需要时使用。同时需要强调的是，胜任特征测评结果本身无好坏之分，只能把它作为判断或评估是否适合从事某种岗位工作的参考依据。

实训活动

实训项目2　人员素质认知

【实训内容】

通过广泛深入的信息搜集明确职位素质要求，并理解相关素质内涵，能够理解胜任特征的内涵。

【实训设施】

人员素质测评实训室；电脑及投影设备（用于演示文稿和视频文件的播放）。

【实训项目2-1】人员素质认知

（1）通过网络、期刊等途径收集所讨论的职业（或职位）信息。

（2）通过社会调查或请企业人员做报告等方式，了解所讨论的职业（或职位），包括职业（或职位）的业务范围、对人才素质的要求、职业发展情况等。

（3）写出所讨论的职业（或职位）的工作说明书，将工作说明中的任职资格细化。

（4）根据素质结构示例对上述任职资格归类整理，并将所列素质进行定义。

（5）教师实训点评。

【实训项目2-2】经理的激励艺术

一家生产蒸制馒头类的食品公司，近段时间因质量问题销售锐减。经理亲自去车间严把质量关，但无济于事，工人也一致说他们从未偷工减料。怎样才能调动职工积极性，这是经理必须马上解决的问题。

经理深思熟虑后，终于想出个办法，他将原先一起工作的工人分成两组，一组为甲班，一组为乙班，在他们各自蒸制的袋子上印上班别，上午是甲班工作，下午是乙班工作。乙班下午上班的时候，发现车间黑板上写着一句话："今天甲班生产的产品质量很好，销量大增。"乙班工人心中不服，更加努力工作。第二天甲班上班的时候，也发现了这句话，只不过黑板上的甲班改成了乙班。甲班顿时斗志高扬，齐心协力要超过乙班。在每周一次的例会上，经理总是轮流地称赞甲班和乙班，给人一种两班始终不分上下的感觉。甲班和乙班都想以绝对优势超过对方，所以竞争一直在进行，人们交口称赞：甲班的馒头松软、可口；乙班的馒头有劲、耐吃。两班各有优点，公司于是日益兴旺起来。

讨论：经理成功的要点有哪些？提示：参考麦克利兰的需要理论。

自测练习题

一、单项选择

1. 日常生活中，我们看到有的人活泼好动，有的人沉静安详，有的人思维敏捷，有的人反应迟钝。这说明人的素质具有（　　）。
   A. 差异性　　　　B. 可分解性　　　　C. 层次性　　　　D. 可塑性
2. 素质为人员发展与事业成功提供了一种可能和前提，任何有成就、有发展的个体或组织，都必须以良好的素质为基础。这反映了素质的（　　）。
   A. 系统性　　　　B. 稳定性　　　　C. 基础性　　　　D. 可塑性
3. 素质的第一特性是它的（　　）。它是个体行为发展与事业成功的必要条件，但不是充分条件。它说明了素质开发的必要性。
   A. 可塑性　　　　　　　　　　　　B. 可靠性
   C. 差异性　　　　　　　　　　　　D. 原有基础作用性
4. 个体的素质是在遗传、环境与个体能动性三个因素共同作用下形成和发展的，并非是天生不变的，因而具有一定的（　　）。
   A. 先天性　　　　B. 后天性　　　　C. 稳定性　　　　D. 可塑性
5. 人们由于生长与工作的环境不同，所具有的生理特点与遗传素质不同，接受教育程度不同，因此，每个人所形成的素质也就不同，这就是（　　）差异。
   A. 整体　　　　　B. 群体　　　　　C. 个体　　　　　D. 独立

二、简答题

（1）简单论述素质与绩效的区别。
（2）基于胜任特征的员工素质测评的作用是什么？
（3）胜任特征模型包含的特征要素有哪些？
（4）实施素质测评的注意事项包括哪几个方面？
（5）简述胜任特征包括哪几个层面？

三、论述题

（1）素质的特征都有什么？试述其具体内容。
（2）试述素质的两分法的内容。
（3）素质的三分法的具体内容是什么？
（4）论述建立测评模型的步骤。
（5）建立测评模型运用的技术方法有哪几个？请论述其具体内容。

学习资料1

部分职位素质示例

下面列举的一些职位普遍要求的素质指标特征,可供参考。同时请注意,使用中应考虑本行业、本企业、本职位的特点,对此加以修正和调整。

一、社会经济管理人才的素质特征

(一)思想心理素质

1. 良好的思想道德品质。只有首先具备这一品质,管理者才会有强烈的使命感、责任感和义务感。

2. 执着的追求欲。即获得成功的基本动力,是成功应付未来经济社会不确定因素增多所形成的对经营者冲击的基本素质。

3. 富于挑战性、开拓性、创造性。这是不断保持竞争优势的先决条件。

4. 富有合作精神、人情味。这是实现人才群体价值的人文保证。

5. 良好的心理承受能力。这是走出困境、抓住机遇的心理保证。

(二)业务素质

1. 良好的组织才能。以整合各行为主体的经济活动,使经济过程协调一致。

2. 创新能力。管理创新是经济、科技创新的催化剂。

3. 预测和决策能力。敢于和善于作出正确、准确的决策,并合理调整战略,保持决策与经济发展过程的动态协调。

4. 战略设计与策划能力。使管理者由发号施令的"司令员"向目光敏锐的预测家、战略设计者与策划设计师转化。

5. 信息收集、处理、运用能力。能为预测、决策提供科学依据。

6. 灵活的应变能力。应对不确定因素增多、突发性变化增大的过程,减少失误,规避风险。

(三)优化的知识结构

1. 扎实深厚的理论基础。包括经济学、管理学、哲学、社会学、心理学、公共关系学、自然科学及各种分析、解决问题的能力和方法等。

2. 广博的知识面。有一定的未来学、预测学知识,企业成长、壮大的历程与经验,关于不同国家、不同企业经济管理模式的知识。

3. 通专结合的知识结构。在厚基础、宽口径、通识相关经济科学的基础上,熟练掌握2~3项被美国学者称为"可就业性"的专长与技能。

4. 熟练掌握和应用现代管理方法和手段。包括组织管理、人文管理、技术管理等,掌握计算机及信息网络知识、应用技术。

5. 可供不断挖掘的潜力。学习型企业家善于从经营实践中吸取新的智慧。

二、企业领导者的素质五要素

美国哈佛大学商学院教授约翰·科特对美国"十佳"企业的企业家领导艺术进行

研究，得出领导者的素质五要素。

1. 帮助公司向明智的方向发展。要做到这一点就必须具备一定的远见。

2. 非凡的领导者应该善于挑选那些赞成、支持、笃信他们所确定的方向而又能发挥作用的伙伴。像盖茨、韦尔奇这样的领导，对下属的要求非常高。但这正是另一个微妙之所在。"他们会驱使下属取得成果，善于用一些大道理，诸如公司应当发展成什么样以及为什么要发展成那样等，来达到团结下属的目的。"

3. 创造那种赋予人们力量、鼓励人们实干的条件的能力。美国西南航空公司总裁赫伯·凯莱赫正是善于鼓励下属的领导者，他说："在我的头脑中，气氛占有超乎寻常的比重。我们和其他航空公司支付同样的工资和费用，但由于我们的劳动生产率更高，所以成本就相应要低些，而这是通过鼓励员工来实现的，这方面没什么机械技巧。"

4. 善于分配资本。这对企业家尤其必要。资本分配既是一门学问，又是一种艺术。

5. 坠入情网。优秀的企业领导者首先要热爱自己的公司，具有恋人那种热情、投入和不顾一切的特点。米切尔森说："17年来，我从未看到韦尔奇感到厌倦或懈怠，他认为他是世界上最幸福的人。"

三、企业管理人才的素质特征

（一）基本素质

1. 喜欢并善于与人打交道，关心人，团结人，眼界宽，并能从交往中获取有价值的信息。

2. 精力旺盛，喜欢参加各种活动和应酬，勤奋实干。

3. 适应性好，不拘泥于现实安排。

4. 敏感性强，有远见，善于捕捉和利用各种有价值的信息。

5. 善于沟通，喜欢并善于口头表达自己的思想和情感。

6. 有顽强的毅力，并敢于面对现实与困境，敢于竞争。

7. 紧要关头能较好地保持情绪的稳定，善于变被动为主动、变困境为机遇。

8. 创新性强，喜欢求变。

9. 自信心强，处事果断，敢冒风险。

10. 具有崇高的道德品质和强烈的责任心，做事严谨，讲信誉，正直、守法，能在企业中起到率先垂范的作用。

（二）能力素质

1. 计划能力。

2. 组织能力。

3. 领导能力，即指挥和协调的综合能力。

4. 控制能力。

5. 专业技术能力。

6. 商务能力。

7. 金融能力。

8. 安全能力。

9. 财会能力。

10. 自我认知能力。

11. 换位思维能力。

12. 自我激励能力。

四、财会人员的素质特征

(一) 基本素质

1. 廉洁奉公，有正义感，能抵制各种诱惑，坚持原则。

2. 责任心强，重时效观念，缜密细致。

3. 有较强的数字反应能力和汇总、规划能力。

4. 具有扎实的专业知识和宽广的知识面，注意学习有关的经营、制造、推销、采购等方面的知识。

5. 有较强的理解、分析、综合、判断和推理的能力。

(二) 个性特点（以卡特尔 16 种人格因素为基准）

1. 较低的乐群性。缄默、孤僻、生硬、严谨，不苟且。

2. 较高的有恒性。稳重执着、恪尽职守、努力肯干，有较强的社会责任感。

3. 一般的敢为性。不喜欢冒险。

4. 较高的敏感性。细心敏感，有时优柔寡断。

5. 低忧虑性。自信坦然，易适应环境，有时自命不凡。

6. 较高的独立性。不依赖他人，有主见，不推诿责任。

五、营销人员的素质特征

(一) 基本素质

1. 独立性和自我管理能力较强。

2. 善于捕捉信息，灵活应变。

3. 时间观念强。

4. 善解人意，劝说能力强。

5. 诚实、守信用。

6. 喜怒不形于色。

7. 性格外向，人际交往能力强。

8. 口头表达能力和洞察力强。

(二) 个性特点（以卡特尔 16 种人格因素为基准）

1. 较高的乐群性。开朗、热情、随和，容易接受他人的批评。

2. 较高的稳定性。情绪稳定、成熟，能够面对现实，易于与别人合作，在集体中较受尊重。

3. 较高的兴奋性。轻松愉快、逍遥放任，社会联系广泛，在群体中较引人注目。

4. 较高的敢为性。喜冒险，少有顾忌，敢作敢为。

5. 低忧虑性。自信坦然，易适应环境，有时自命不凡。

6. 较低的紧张性。心平气和，遇事能镇静自若，有时反应迟钝，不敏感。

六、人力资源管理者的素质特征

（一）基本素质

1. 人事业务熟悉。精通人事法令、薪资福利等。
2. 对公司人才战略的考虑。不仅知道今天的需要，还懂得明天发展，明白需要什么样的人事支持。
3. 成为带动变革的先锋。能够督导公司文化和工作程序的改变。
4. 能够做管理者和员工之间的桥梁，成为员工意见的代言人。

（二）个性特点（以卡特尔16种人格因素为基准）

1. 较高的稳定性。情绪稳定、成熟，能够面对现实，易于与别人合作，在集体中较受尊重。
2. 较高的有恒性。稳重执着、恪尽职守、努力肯干，有较强的社会责任感。
3. 较高的自律性。自律严谨，有较强的自制力和意志力。
4. 较低的怀疑性。随和、宽容，易于与他人形成良好的人际关系。
5. 较低的幻想性。现实，脚踏实地，处事稳妥，具有忧患意识。
6. 低忧虑性。自信坦然，有时自命不凡，容易适应环境。
7. 较低的实验性。保守，重传统，循规蹈矩。

七、技术人才素质特征

1. 主动性。旺盛的求知欲和强烈的好奇心驱使他们积极进取。
2. 独创性。有独出心裁的见解、与众不同的方法，勇于推陈出新。
3. 严密性。不放过灵感的火花，能深思熟虑，精细推敲，追求完美的结果。
4. 疑问性。不盲从，敢于大胆发问，敢于冲破旧的传统观念。
5. 变通性。思想流畅，善于举一反三，能想出许多点子，提出异想天开的问题，争取异常的成就。
6. 洞察力。富于直觉，对环境有敏锐的感受力，可以觉察别人未注意的情况和细节。
7. 想象力。思想上有新观点，善于描绘理想形象，富于合理的联想、幻想。
8. 持久力。有百折不挠、坚持不懈的毅力和意志。
9. 自信心。深知自己所做事情的价值，即使受到阻挠和诽谤，也不改变信心，直到实现预期的目的。
10. 勇气。具有面对常人无法忍受的困境的勇气。
11. 性格内向、不善言谈、兴趣相对专一。

八、发明、创新人才的素质特征

1. 无所畏惧的品质。他们为自己的发明创造不惜冒险，为了试验的成功可以将生死置之度外。
2. 不计较别人的嘲笑，能把逆境作为推动自己前进的动力。
3. 追求执着，对所从事的工作自始至终保持极大的兴趣，直到奋斗成功。
4. 强烈的自信心。对自己的试验充满信心，坚信试验成功后将产生价值。
5. 别具一格的孤独感，善于独立思考。

6. 力求完整化的心理,对自己的事业不懈努力,直至达到预期目的。
7. 永不衰退的好奇心,善于捕捉瞬间的灵感和机遇。
8. 强烈的好胜心,勇于向未知世界挑战,以成功的事实去证明自己的能力和才华。
9. 不受外来干扰,正确选择课题。
10. 如醉如痴的探索精神。沉醉于思索和试验,把一切琐碎之事弃置脑后。

九、广告设计人才的素质特征

1. 较强的创造性,能独出心裁、独树一帜。
2. 丰富的知识,对复杂的事物有鉴定、识别能力。
3. 有战略眼光和预见能力。
4. 诚实守信,较强的人际交往能力。
5. 有全局观念和开拓创新的能力。
6. 较强的空间想象能力和绘画能力。

十、咨询人员的素质特征

1. 具有实事求是和为他人服务的精神,有高度的责任心。
2. 具有多方面的理论知识、专业知识和实践经验。
3. 较强的言语表达能力。
4. 较强的社会调查能力、系统分析能力和逻辑推理能力。
5. 较强的想象能力和观察能力。
6. 乐于与人接触,善于与人合作和交往。
7. 较强的记忆力和创造能力。
8. 较强的劝说能力。

学习资料2

人力资源管理专业人员的胜任素质

依据专家多年的探索研究,结合许多企业案例的比较和借鉴,我们可以对人力资源管理专业人员的胜任素质作比较具体的描述。

一、关于个人诚信的具体描述

在组织工作期间有成功的职业记录,如成功设计并推广了公司的绩效管理方案,获得了广泛的认同,公司给予了表彰;言而有信,并形成个人的行为习惯;凡是口头承诺的事情都会得到执行或反馈;注重个人形象和口碑,员工对他们的服务满意度较高(80%以上),行为举止得体,在员工中建立了诚信的基础;处理、解决人力资源管理问题时立场客观、中立,办事讲规则,处理过的问题没有员工投诉。

二、管理文化能力的描述

在组织中,注重组织规章的制定、指导和执行,有完善的组织管理制度的书面成果。如组织的合理化建议制度的设计、推广;组织奖励制度的修改、完善。参与组织重大管理制度的起草、沟通和关系协调。如薪酬制度的改革起草,薪酬方案的沟通、指导和执行。主动了解客户需求，并提供相应的技术服务，完善对客户的服务流程，建立良好的客户关系。善于与员工合作，易于和大家知识共享。

三、管理变革能力的描述

积极参与组织创新、变革的活动，有较强的展示演讲才能，有专业咨询的修养，能快速理解创新的关键环节和推动程序；有组织团队，激励员工的技巧和能力，善于平衡、协调、处理不同意见和改革中的矛盾；能预测变革的趋势、可能存在的问题和相关利益的得失，并将这些变数结合管理变革的进程加以考虑，有前瞻性。

四、经营知识能力的描述

理解公司的组织架构、业务特长、组织愿景、文化特色和业务流程等；关注业务发展变化趋势，知晓组织经营企划的框架，了解财务报表的构成；懂得竞争者优劣势的分析，市场营销知识和网络信息交流；熟悉公司的产品和服务，能系统思考公司的整体运作等。

五、人力资源管理实践能力的描述

能设计人力资源管理的相关制度，如薪酬制度、绩效管理制度、培训发展制度、招聘选拔制度等；善于和相关部门沟通、协调，尤其是人力资源改革方案的指导、解释和执行过程的跟踪、落实；精于激励的诸多方法，有良好的领导艺术，长于吸收别人的建议，合作精神好。

值得指出的是，上述胜任素质存在重要程度的差别。其一，懂得所在组织的经营知识。这能有力地帮助人力资源管理专业人员融入组织的管理团队中去，形成理解、合作的工作平台。其二，熟悉、掌控人力资源工作的流程、方法和工具，明白执行的目标和评判的标准。其三，管理文化的能力。注重公司制度建设和行为规范的形成，有明确的公司品牌意识和文化积累的导向。其四，管理和适应变革的能力。能积极倡导、参与和协调组织变革、创新活动，关注变革的导向、趋势，并充分发挥人力资源部的协调功能。其五，展示个人诚信的品牌。处处以身作则，言行一致，重诺言，讲口碑，赢得广泛的认同和信赖。

资料来源：罗钢．人力资源管理专业人员的胜任素质．中国人力资源开发，2004(7)．

第 3 章
素质测评原理

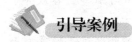 引导案例

职业挑战

Clark Kirby 和他的助理为 Gunther 公司的 Tampa 工厂挑选员工,从 986 个应聘者中挑选出 596 人上岗。但在对应聘者的数量满意之前,Clark 意识到摆在他面前的任务——工作量是很大。到底应该雇用 986 人中的哪 596 人呢?谁来进行招聘工作?

人力资源的专家已经作了一些前期的筛选,绝大多数应聘者已经填写了申请表。但接下来应该做什么呢?

Clark 给工厂的经理 Ed Humphrey 打了个电话,并问他是否愿意参与招聘工作。Ed 回答说他只有时间挑选他的高层管理团队,其余的还是要 Clark 决定。Ed 提醒 Clark,公司不想让他们挖其他工厂的墙脚——这是违反公司政策的。Clark 说他知道,并会遵从公司的政策。Clark 所面对的是 596 个甄选决策。甄选包括许多决策,甄选是一个组织中重要的和持续性的过程。员工甄选之所以重要,原因是只有人员和职位很好地匹配,组织的目标才能够实现。

Clark Kirby 是怎么做的呢?他没有招聘 596 人的资源和时间。另外,他认为生产操作管理人员应该参与甄选决策,所以他的策略是先招聘管理人员。这样,管理人员能帮助他筛选和录用文职人员和半熟练工。

至于甄选目标,Clark 接受了总公司的目标:尽量录用有效的并满意的员工。他选用了芝加哥工厂相似的职务说明书。这些职务说明列出了对于管理人员和专业技术人员在学历和经验上的最低要求。对于文职人员,要求重点在于最低资格要求和工作模拟测试。对于熟练工和半熟练工,职务说明要求最低经验和工作模拟测试。

Clark 决定,由于时间压力的约束和不同的工作性质,他会采用以下甄选过程。

- 管理人员:筛选性面试,填写申请表,面试,核对证明。
- 专业技术人员:筛选性面试,填写申请表,面试,核对证明。
- 文职人员:筛选性面试,填写申请表,面试,测试。

- 熟练工：筛选性面试，填写申请表，测试，对通过初试的应聘者进行面试。
- 半熟练工：筛选性面试，填写申请表，测试，对通过初试的应聘者进行面试。

Clark 和 Ed 一起挑选了管理人员。Clark 自己挑选了专业人员。当在甄选这些人的同时，人力资源专家对文职人员进行测试，并核查管理人员和专业人员的证明。人力资源专家在专业人员和管理人员的帮助下，一起挑选他们的下属文职人员。

接着，Clark 和人力资源专家对熟练工和半熟练工进行测试。除了个别情况，Clark 录用的都是肯定合格的熟练工。候选人接受检查，并由他们可能的未来上级来面试。挑选半熟练工时也采用相似的过程。因为在专业技术人员和熟练工中的选择余地较小，所以不用管理人员参加会更为有效。

不过也出现了几个问题。Clark 和 Ed 在 20 名管理候选人上有异议。Ed 想录用更多他所认识的芝加哥人，而 Clark 认为他能录用到更好的人选。在 Clark 的选择中，少数群体和女性管理人员的人数多于 Ed 原本的打算。最后，两人都作出了让步，各放弃了一半。

在专业技术人员招聘上也出现些问题。专业技术人员要求的薪酬超过了预算。而被录用的最后 20% 的员工不同程度地低于最低资格要求。考虑到这些问题，Clark 对放宽预算提出了申请。总公司同意增加预算，但只增加了 Clark 想要的一半。他只能通过减少支付最后 20% 的半熟练工和文职人员的薪酬来得到另一半。Clark 提醒 Ed 注意可能的竞争问题，建议他在必要的时候最好开始列出这几类员工的合格者的名单。

总之，Clark 根据职务说明书，在规定的时间内，在调整过的预算下，录用到所需的人员。他还为提供平等雇用机会做出了贡献，所录用的少数群体和女性员工的比例超过其在总人口中的比例，虽然还少于他能录用的和所想要的，不过对于 Ed 想要的，所有的这些人都是合格的。没有反向的歧视问题出现。

资料来源：伊万切维奇. 人力资源管理. 11 版. 北京：机械工业出版社，2011.

招聘和发展有技能的员工对任何一个关心竞争力、生产力、质量和有效管理员工队伍的公司都是重要的。与现在相比，将来会有越来越多的工作需要更多的教育和更高的语言、数学和技巧水平。技能型人才的缺乏能破坏任何一个公司的竞争地位。掌握人员素质测评的基本理论与方法，成为现代企事业组织管理人员不可缺少的基本功之一。

人员素质测评又称人员测评，是现代人力资源管理与开发学科体系中的一门新兴学科，在理论与实践上还不够成熟与完备，许多方面还需要作进一步的探讨与研究。为了理解与交流方便起见，下面先来介绍相关的概念。

3.1 素质测评相关概念

3.1.1 基本界定

素质测评是指测评主体在较短时间内，采用科学的方法，收集被测评者在主要活动领域中的表征信息，针对某一素质测评目标体系作出量值或价值的判断过程，或者直接从所收集的表征信息引发与推断某些素质特性的过程。

例如，企业人员招聘录用，一般是采用情况登记、面试甚至试用等测评技术，收集应聘人员的行为事实，然后针对岗位所需要的素质，作出有或无、多或少、高与低、优与劣以及可以录用与不便录用等一系列的综合判断。

3.1.2 相关解释

素质测评由两部分组成："测评主体采用科学的方法，收集被测评者在主要活动领域中的（行为事实）表征信息与采用科学的方法针对某一素质测评目标体系作出量值与价值判断，或者直接从所收集的表征信息引发与推断某些素质特性的过程。"显然，前一部分主要是"测"的工作，而后一部分主要是"评"的工作。

1. "测"和"评"

"测"，包括测评者的耳闻、目睹、体察、访问与调查等，但它又不同于一般意义上的耳闻、目睹、体察、访问与调查，它是以认识与评判被测评者的某些素质为目的，以科学的测量评价工具为手段的特定的信息收集活动。"测"既可以是测量、试验，也可以是探测与观测；"评"，包括评论、评价、评定。更多的是针对一定测评目标体系对品德表征信息质、量、值的评价，但也包括直接对被测评者素质的分析与评论。

2. "科学的方法"

"科学的方法"是指被实践证明为准确、全面和方便的测量手段、评价方法，也包括一切可用的调查方法与研究方法。如直接调查、问卷调查、抽样统计、比较分类、因果关系分析、因素分析、典型分析、理论分析、黑箱分析、移植分析、仿真分析等。

3. "主要活动领域"

"主要活动领域"一般是指个人生活与工作的主要场所。对于员工来说，他们的主要活动领域是工作场所、家庭、邻里和亲友（包括伙伴朋友）群，这些地方组成了素质特征信息的密集域。

4. "素质测评目标体系"

"素质测评目标体系"是指有内在联系的一系列素质测评目标。由于同一种行为事实具有多种性质或价值，由于素质是一个特征信息集合体，具有多维性，任何单方面的判断与衡量，都难以真实地把握其实质，因此，素质必须由一系列的素质测评目标组成一个具有多向结构的目标"坐标系"来确定。

5. "引发"与"推断"

"引发"与"推断"是指测评者的"归纳""概括""抽象"，是一种能动的思维活动，是一种"升华"现象。这种活动既是主观的又是客观的。因为"引发"与"推断"不是测评者任意的引发与推断,而是要根据所收集的特征信息来引发与推断。它是对客观的特征信息的概括,而不是凭主观想象的概括。然而,这种"引发"与"推断"又是一种主观能动性的体现与发挥,不是对现有行为事实或特征信息的简单总和。它既以现有的行为事实为基础,又超出了现有的行为事实,已经把现实行为与某种素质结构相联系,并把现实的行为事实看作素质结构的例证。

6. "测评主体"

"测评主体"既指个体又指组织,既可以是他人也可以是自我,既可以是上级也可以是同级,还可以是下级。

3.1.3 与其他概念的区别

素质测评虽然离不开素质的测量与评价,但并不是素质测量与素质评价的机械相加,而是指一种建立在对素质特征信息"测"与"量"基础上的分析判断。在测评过程中,测评者通过"测"与"量"的活动,获得所要收集的素质特征信息,然后将它们与确定为标准的东西进行比较认识。这里的认识,不是仅凭测评主体的感性经验,而是积极地借助于一定的测量工具,把最终的比较与判断建立在客观的行为事实与特征信息的搜集、测量与分析上,并且把分析判断的结果,采用符号、语言或分数的形式,进行定性或定量的转化与解释,由此反映被测评者素质的客观情况。数量化只是素质测评过程中采取的一种基本手段。素质测评要力求以尽可能少的人力、物力花费,获得尽可能准确而全面的素质测评信息;要力求公正、客观、准确、迅速地鉴别人员素质,为人力资源开发与人事决策提供依据。

素质测评虽然以一个个的行为事实为依据,但并非仅凭单个的行为事实就作出评价,而是要在综合大量行为事实群的基础上进行整体评价。素质主体的能动性,虽然可以使其外显行为与内在素质存在不一致的现象,但是大范围、多方位的整体行为分析,可以帮助我们把握素质的高低。在某些局部范围内,行为事实与素质行为高低不一致的偶然现象,并不能否定素质测评整体把握的必然性。此外,素质测评与心理测评、教育测评有所不同:心理测评包括心理过程中任何心理现象的测评,教育测评则侧重于教学能力与教学成就的测评。

3.1.4 人员素质测评对组织的作用

1. 有助于人才的招聘与选拔

有一句名言:"虽然你可以教会一只火鸡爬上树,但更简单的方法是找来一只松鼠。"人才测评就可以帮助我们从众多"火鸡"中找到"松鼠",这就是人才测评的选拔择优功能。人才测评的运用可以使人事决策更为科学、准确,并可大大提高招聘与选拔的效率与成功率,降低因人员流动带来的资本浪费。例如,美国1942年通过使用人才测评之一的心理测验选拔程序,使飞行员淘汰率由65%下降到36%。很多企事业单位都已经开始运用人才测评来进行人员选拔，宝洁、IBM、大众、华为、中国人寿保险等都利用人才测评进行人员选拔，收效良好。

2. 有助于人员安置，达到人岗的最佳匹配

随着社会的发展，人们之间的分工越来越精细，不同的工作对人的素质要求有所不同，这就要求在人员和工作之间选择最佳匹配，做到事适其人、人尽其才，即用最合适的人而非最好的人。通过人才测评，可以对个体的兴趣、人格、能力、技能等多方面的特点进行分析，为实现人才的合理安置提供信息。例如，通过内外向特点的测评结果，可以将外向个体安置于需要大量社会交往的岗位上，如销售、公关等；而内向的个体，则可以安置在研发、质检等岗位上。

3. 可以为人员培训与考核提供诊断性信息

在人事管理领域，对员工的能力水平、人格特点、工作满意度水平及可供开发的潜力等方面进行评价，是对员工进行考核或培训时应了解的信息，而通过各种心理测验、人事调查等人才测评手段可以获取以上信息。一方面，培训作为人力资源管理的重要部分，其内容越来越复杂，成本也越来越高；人才测评则可以提高培训的针对性和效率，并可以为描述员工的素质结构、制订有效的培训方案提供依据。另一方面，现代的人事考核已不仅仅局限于单纯的工作产出绩效考核，也越来越多地涉及工作中的行为、态度、胜任力等，这些内容的考核也需要运用人才测评技术来进行。

4. 有助于人力资源状况的诊断与全面普查，为团队建设提供依据

人才测评可以对组织的人力资源进行诊断和全面普查，充分了解员工需求与心理状况，为团队的成员搭配与建设提供依据；如不同性格或气质类型的人的组合，可以优势互补，扬长补短。人才测评也可以帮助建立员工综合素质档案，为公司职员的晋升、培训、职业生涯发展等提供重要参考。

3.2 素质测评的主要类型

前面通过概念解释，揭示了素质测评的内涵，下面将通过"类型"这一形式，揭示人员素质测评的外延。

人才素质测评的类型，按不同的标准有不同的划分。

按测评标准划分，有无目标测评、常模参照性测评与效标参照性测评。晋升测评一般属常模参照性测评，人员录用与招聘也多属这种测评；飞行员的选拔与录用，主要属于效标参照性测评；述职、小结与访谈等写实性测评，则属于无目标测评。

按测评范围划分，可分为单项测评与综合测评。企业诊断与人员培训过程中的测评，一般需要单项测评；而人员选拔与绩效考评中的测评，大多数是综合测评。

按测评技术与手段划分，有定性测评与定量测评，以及包括模糊综合测评在内的中性测评。

按测评主体来划分，有自我测评、他人测评、个人测评、群体测评、上级测评、同级测评与下级测评。

按测评时间划分，有日常测评、期中测评与期末测评、定期测评与不定期测评。

按测评结果划分，有分数测评、评语测评、等级测评及符号测评。

按测评目的与用途划分，有选拔性测评、开发性测评、诊断性测评、配置性测评与鉴定性测评。下面对其中的几种测评做简要介绍。

此外，还可以按测评活动分为动态测评与静态测评，按测评客体分为领导干部测评、中层管理人员测评、一般人员测评等。

3.2.1 选拔性测评

选拔性测评是一种以选拔优秀人员为目的的人才测评，是人力资源管理活动中经常用到的一种人才测评。许多待遇优厚、工作舒适的职位，常常有众多的求职者申请。尽管采取了一定形式筛除了许多不合格的求职者，但最后仍然存在许多可供选择的合格者，此时需要实施的则是选拔性的素质测评。

如何进行选拔性测评呢？首先在分析合格求职者之间的素质差异及其表征的基础上，从所有能够揭示求职者素质差异的特征与标志中选定几个最主要的特征与标志，然后选取适当方法测评每个求职者在每个指标上的取值。求出的测评值与测评者测评规划做比较，调整数据并控制误差在一定范围，如果这个数据对于测评者来说，符合测评规划，那么选拔性人才测评结束，报告人才测评结果，为选拔优秀人员提供依据；反之，继续重复以上步骤。

3.2.2 开发性测评

开发性测评是一种以开发素质潜能与组织人力资源开发为目的的人才测评。人的素质具有可塑性和潜在性。从当前现状来看，有些人也许并不具备某方面的素质，但他可能具有发展这方面素质的潜力，如何发现这些人的潜力呢？开发性测评就显得尤为重要了。

开发性测评的程序如下。

（1）收集人力资源各种形态的资料，并确定每一类型的内涵与外延。

（2）寻找能够揭示每种类型的显标志与潜标志。

（3）按照拟订的测评规划进行测评。

（4）针对测评结果与测评者所在组织提出人力资源开发的建议。

3.2.3 诊断性测评

诊断性测评是一种以服务于现状或以组织诊断问题为目的的人才测评。在组织管理中，我们常常遇到这样或那样的问题，需要从人员素质测评方面查找原因，这就需要我们实施诊断性测评。诊断性测评是系统性较强的人才测评，所以需要从表面特征与标志观察搜寻入手，继而深入分析问题与原因，诊断"症状"，并由此提出改进的对策方案，而其他的人才测评程序没有该要求。

诊断性测评的程序如下。

（1）必须初步了解组织管理中的人力资源存在的问题与原因，并从调查、观察、测试等方式中选择适当方式，找出那些能够揭示问题与原因的特征与标志。

（2）分别对被测者和其他周围人进行测评，并提交测评报告。这时需要聘请专家对问题与情况做系统深入分析与判断，对所查明的问题与情况作出诊断报告，并提出改进意见与方案。

3.2.4　配置性测评

配置性测评是人力资源治理中常见的一种素质测评方式，是以人力资源的合理配置为目的的测评。人力资源开发与治理是以人为本的治理，要求人与事的相互匹配，做到人尽其才，才尽其用，使人力资源发挥最佳效益。

实践证实，当任职者的能力、爱好和价值观刚好吻合职位的要求时，可以达到最佳的人力资源使用效果；否则，个体的人力资源就处于被动状态，甚至费尽九牛二虎之力也无济于事，低能低效。配置性测评最大的特点是必须结合职业要求，不同职位的测评标准明显不同，并且不能由于人员的原因降低标准，强调宁缺勿滥。配置性测评与其他类型的人才素质测评相比，具有针对性、严格性、准备性等特点。

配置性测评的针对性体现在整个测评的组织实施与目的上。配置性测评的目的是以所配置的（工作）职位要求为依据，寻找合适的申请者。整个测评活动都是围绕这一目的而进行的。

配置性测评的严格性既体现在测评的标准上又体现在测评活动的组织与实施中。为了保证人事配置的适切性，不但对测评标准要求严格，对测评方法、测评实施及整个测评过程也要求十分严格，而且还需要考虑人员配置的环境要求与合格人群的整体情况，否则，保证不了最后测评结果的准确性与人事配置的适切性。

配置性测评的准备性主要体现在劳动人事管理过程的开端性上。依据配置性测评结果所作的人事配置，只是保证工作效率效果的必要条件，是一种可能性，是一种准备。随着工作要求与人员素质的变化，配置之后还要进行适当的调配，不要一配定终身。

3.2.5　考核性测评

考核性测评又称鉴定性测评。考核性测评是一种以鉴定与验证某种素质是否具备或具备程度大小为目的的人才测评。考核性测评经常穿插在选拔性测评与配置性测评中。

考核性测评的程序如下。

（1）必须明确被考核的对象与内容，确定测评细则，并向测评者讲解测评细则与测评要求。

（2）请专家根据被测者和其他知情人提供的事实进行综合判断，将综合判断的结果与被测者的事实相比较，如果相吻合，则结束考核性测评程序，报告人才测评结果；反之，需要重新进行测评。

3.3 人员素质测评的理论基础

3.3.1 岗位差异原理

岗位差异即不同岗位之间的非一致性，它是对企事业单位内部所有岗位，按照工作性质、责任轻重、难易程度、所需资格条件等因素进行区分的结果。随着社会化大生产的发展，社会分工越来越细，不同的工作岗位之间虽有千丝万缕的联系，但各自的工作内容、工作责任、工作范围及工作性质等是不尽相同的，岗位间存在较大的差异，对员工的素质要求也就大相径庭。当员工的素质与岗位的要求相匹配时，则员工可能在今后的工作中取得较大的成绩；否则，即使员工任劳任怨，也难以取得好的工作成绩，这就是说，岗位差异要求通过人力资源测评找到素质结构与之相符的员工。因此可以认为，岗位差异是人力资源测评产生的前提条件。

3.3.2 个体差异原理

个体素质是在遗传、环境和个体能动性三个因素共同作用下形成和发展的。个体差异不仅表现在生理、性别与外貌上，还更多地体现在心理上。心理差异可归结为两个方面：一是个性倾向差异，包括兴趣、爱好、需要、动机、信念、理想、世界观等方面的差异；二是个性心理特征差异，包括能力、气质与性格等方面的差异。正是由于个体素质存在差异，不同素质的人适宜不同的岗位，才使人力资源素质测评具有重要性和可能性。如果个体之间不存在素质差异，那么人力资源素质测评将无法获得有意义的结果，从而无法为人事决策提供客观依据，素质测评最终将失去存在价值。因此可以说，个体素质差异是人力资源素质测评存在的客观基础。

3.3.3 人岗匹配原理

所谓人岗匹配，就是按照人适其事、事宜其人的原则，根据个体间不同的素质将其安排在各自最合适的岗位上，即保持个体素质与工作岗位的同构性，从而做到人尽其才、物尽其用。如果说通过工作分析对不同的岗位进行描述，可以明确工作环境、工作内容、工作职责和对人的基本要求，那么，通过人力资源测评对个体进行素质测量和评价，则可以明确个体素质结构、素质水平和各自适宜的工作。因此可以说，人力资源测评作为"量人"的尺子，在人与岗之间架起了桥梁。

3.3.4 量化原理

人员素质测评量化即用数学形式描述素质测评的过程。从哲学角度看，人员素质测评量化就是通过测量手段来揭示素质的数量特征和质量特征，使人们对素质有更深入、更本质的认识；从数学角度看，素质测评量化就是通过素质测量法则，把个体稳定的行为特征空间与某一向量空间建立同态关系，使定性评定中不便综合处理的行为特征得到统一的数学处理。这样，可使测评者对不同个体素质的心理感觉差异反映在数量差异上，进而综合反映在个体素质的差异与水平上。人的素质是与人自身行为直接相关的主观对象，而且其载体是能动的主体。

素质测评量化，除了方便、简洁的物化表述功能外，还有助于促进测评者对素质特征进行细致、深入的分析与比较，有助于从大量的具体行为中抽象概括出本质的特征和作出尽可能准确的差异比较。

量化的形式一般有以下几种。

1. 一次量化与二次量化

一次量化是进行直接量化或一次性完成的量化；二次量化是对素质测评的对象进行间接的定量刻画，即先定性描述后再定量刻画的量化形式或指整个素质测评量化过程要分两次计量才能完成。

2. 类别量化和模糊量化

所谓类别量化，就是把素质测评对象划分到某一事先确定的几个类别中去，然后每个类别均被赋予不同的数字。这种素质测评类别量化的特点是，每个测评对象属于且仅属于一个类别，不能同时属于两个以上的类别。量化在这里是一种符号性的形式量化，"分数"在这里只起符号作用，无大小之分。模糊量化则要求把素质测评对象同时划分到事先确定的每个类别中去，根据该对象的隶属程度分别赋值。这种测评模糊量化的特点是，每个测评对象同时且必须归属到每个类别中，量化值一般是不大于1的正数，是一种实质性量化。由此可见，模糊量化的测评对象是那些分类界限无法明确，或测评者认识模糊和无法把握的素质特征；类别量化的测评对象则是那些界限明确且测评者能完全把握的素质特征。

3. 顺序量化、等距量化和比例量化

顺序量化一般是先依据某一素质特征或标准，将所有的素质测评对象两两比较排成序列，然后给每个测评对象一一赋以相应的顺序数值。等距量化则比顺序量化更进一步，它不但要求素质测评对象的排列有强弱、大小、先后等顺序关系，而且要求任何两个素质测评对象间的差异相等，然后在此基础上才给每个测评对象一一赋值。比例量化又比等距量化更进一步，不但要求素质测评对象的排列有顺序等距关系，而且还要存在倍数关系。

4. 当量量化

所谓当量量化，就是先选择某一中介变量，把诸种不同类别或并不同质的素质测评对象进行统一性的转化，对它们进行近似同类同质的量化。它常常是一种主观量化形式，其作用是使不同类别、不同质的素质测评对象可以类似同类同质的素质测评对象量化，能够相互比较和进行数值综合。

3.3.5 素质可测原理

人是社会的存在物，是物质的，其素质可以通过言语行为和非言语行为及对外部世界的反映表现出来。人的素质包括许多方面，这些方面可以划分为一些基本要素，这些要素通过社会活动表现出来。这些要素相互联系、相互区别、相互影响、相互制约，共同体现人的素质。可以通过要素分析测定人的素质。

首先，作为个体的人的素质差异及绩效差异是实施人才测评的前提和根据，是进行人员素质测评的客观基础。辩证唯物主义认为，任何事物都有其质和量的规定性，一切事物都是质和量的统一，没有量的事物，如同没有质的事物一样，都是不存在的。在现实世界中，没有一种物质运动不具有质，不存在数量关系，作为一种社会形态，也必然具有这种属性。正如世界上没有两片完全相同的树叶一样，社会上没有两个完全相同的人。这就是说，作为个体存在的人之间总是存在这样或那样的差异，这种差异概括为两个大的方面：一是个性心理，如能力、气质和性格及其构成；二是个体的倾向差异，如需要、动机、兴趣、爱好、信念及价值观等。

其次，现代心理学、行为科学及人员测评其他相关科学的发展证实了马克思主义的理论提示，使人员素质及绩效由可测评的变成能测评的。人员测评是人类认识自身的一种特殊的认识过程，特别是现代心理学在工业文明崛起后得到长足的发展，心理学从经验走向实践，从理论走向应用，广大心理学家及心理学工作者在借鉴先人测评思想和实践经验的基础上，开发了一系列行之有效的测评技术和手段。这些技术和手段使人员素质测评从可能变为现实。

案例讨论

案例1 某跨国公司的招聘与选拔

CR公司是一家大型跨国企业，是研发、生产、销售三位一体的实体企业。因企业发展需要，要招聘两名技术主管和一名大区经理。如何识别出适合本企业个性的经理和技术方面的人才呢？他们的知识、经历和技术应该不是问题，各项目经理有足够的水平来做好这项工作。但实践证明，发挥不好的人才往往不是由于知识背景不行，更多的是其个性等综合素质不适合本企业的工作。

而人才素质测评恰好可以解决这样的问题。于是，CR公司请来一家咨询公司进行专业的测评。

咨询公司首先考虑了这样一个问题：在目前情况下，该公司最需要什么样的人才？经过深入的调查，确立了不同的选人标准，并针对这项标准，选择并开发测评工具。

纸笔测验——《能力测验》《MBTI行为风格测验》《兴趣测验》《企业文化测验》《动力测验》，用来考查应聘者的基本能力素质和发展潜力及其所必备的心理素质、行为风格和在日常工作中的偏向等。

评价中心技术——无领导小组讨论，用于考查分析处理问题的能力、口头表达能力、人际沟通意识与能力等。

结构化面谈——考查经营观念和组织管理意识，并深入考查人际沟通意识与能力。

整个测试分为三个单元，用两天时间。几项测验共用半天时间，无领导小组讨论用半天时间。经过这两轮筛选，从11名候选人中确定8名进行结构化面谈，历时1天。

最后写出详细的选拔评价报告。评价出11个人的差距、优势和不足，并针对大区经理和技术主管两个岗位进行选择性排序，对其中的3个人提出推荐意见。

看过评价和推荐报告，CR公司的领导班子进行了认真的分析和讨论，一致认为评价非常科学并有说服力，欣然采纳了咨询公司的建议，CR公司还高兴地发现报告不仅对招聘人员进行选拔和评价，还为将来如何使用他们、如何让他们在岗位上更好地发展提供了良好的建议。

资料来源：https://wenku.baidu.com/view/515ed4323968011ca3009175.html.

[讨论题]
(1) 上述案例中的人员测评可以归为哪几种类型？
(2) 结合上述案例讨论人员测评对人力资源管理工作的意义。

案例2 我国古代是怎样测评人才的

人才测评在我国古代被称为"知人"。老子认为"知人者智"，把善于知人看作智慧的象征。在人才的识别、甄选历史发展过程中，古代创造了许多人才测评的方法和手段，这对于现代的人才测评活动也具有借鉴意义。

1. 分类比较法

这种方法通常按照一定的标准把人分成不同的类别，并分别列举出不同类型的显著特征，通过特征的匹配进行区别，以达到对人才的鉴别和任用。例如，刘劭在《人物志·流业篇》中，将人才划分为12种，包括法家、术家、国体、器能、臧否、伎俩、智意、文章、儒学、口辩、雄杰等，并列举出我国历史上的一些人物加以说明。在分类的基础上，对各个类别又进行细分。如荀子在《荀子·不苟篇第三》中根据人格特征的不同，把士划分为：通士（尊君爱民、通达事理）、公士（公正无私）、直士（忠厚老实、耿直坦诚）、悫士（诚实可信、谦虚谨慎）、小人（唯利是图、言行无常）。刘向在《说苑·臣术》篇中则根据人臣的处世之道，划分了"六正"和"六邪"。"六正"指"圣臣、良臣、忠臣、志臣、贞臣、直臣"，"六邪"指"具臣、谀臣、奸臣、谗臣、贼臣、亡臣"，并分别列举了他们的行为表现，以便于区别。

2. 实践鉴别法

这种方法是在实践中通过人的实际表现，来鉴别人才。孔子曰："听其言而观其行。"对一个人的评价，既要看他说了什么，更要观察他的实际表现。据《吕氏春秋》记载，实践鉴别法应始于尧舜时期，《吕氏春秋·谨听》描述了尧考察舜的过程，共包括了五个方面：一是把两个女儿嫁给他，并考察舜的品格；二是让舜制定常法，考察他能否服众；三是让舜理百官，考察他的管理能力；四是让舜接待宾客，考察他的交往能力；五是派舜巡查山林，考察他的实际工作表现。尧对舜的考察可以说是既全面又系统。王充在《论衡·答佞篇》中主张："以九德检其行，以事效考其言。"王安石认为对人的评价，不能"私听于一人之口"，而应当"审知其德，审知其才"，同时要"试之以事"，看他的具体表现。曾国藩认为择人要优选有节操而没有官气的人，办事情要做到身到（深入基层）、心到（条例清晰）、眼到（明察秋毫）、手到（亲自动手）、口到（命令叮嘱）。

3. 自然观察法

自然观察法强调深入、全面地观察被观察者的言语、行为、表情等内容。具体包括以下几个方面。

第一，观言。孔子在《论语·公冶长第五》中提出"听其言而观其行"。

第二，观眸。孟子提出通过观眸来了解人的方法，"存乎人者，莫良于眸子。眸子不能掩其恶。胸中正，则眸子瞭焉。胸中不正，则眸子眊焉。听其言也，观其眸子，人焉廋哉？"因为眼睛是心灵的反映，心中的正邪都会从中反映出来。

第三，观行。孔子认为要考察一个人的行为动机、做事的方式，进而洞察他的内心，这样才能全面地了解一个人。据《贞观政要·论择官第七》记载，魏征上疏唐太宗，提出了选人考其行的"六观"法："贵则观其所举，富则观其所与，居则观其所好，习则观其所言，穷则观其所不受，贱则观其所不为。"

第四，观志。《论语·公冶长第五》中记载了孔子经常召集弟子们，以谈话的方式了解他们的志向，从而对弟子进行判定。

第五，观过。在《论语·里仁第四》中孔子指出："人之过也，各于其党。观过，斯知仁矣。"意思是说，人有各种各样，所犯的错误也各式各样。仔细地审查一个人所犯的错误，就可以知道他是一个什么样的人。

第六，观亲。如《吕氏春秋》中提出的"六戚四隐"的方法，主张通过观察一个人如何对待他的兄弟姐妹、亲戚朋友以及邻里门生，来考察一个人的个性品德。

4. 民意调研法

在长期的人才评价中，古人提出了应当将群众的观点和意见作为人才评价的一个方面，但同时又提出了"不以舆识人"的主张，认为群众的舆论在一定程度上存在偏差，要区分对待。

在考察民意的同时，孔子主张只能把民意作为考察和评价人的参考，既要相信群众，又不能一味地迎合群众，认为世俗之毁誉不足以为根据。在《论语·子路第十三》中，子贡问曰："乡人皆好之，何如？"子曰："未可也。""乡人皆恶之，何如？"子曰："未可也，不如乡人之善者好之，其不善者恶之。"孔子的主张可以说是非常中肯的，有效地避免了民意调查法的不足。

5. 绩效考评法

绩效考评，在古代又称考绩、考课、考成，顾名思义就是以"业绩"作为选拔人才的标准。东汉王符提出，要根据官吏从政的实际表现奖赏升降，健全官吏的考绩制度。"知贤之近途，莫急于考功"，即认为考绩是考察一个人最直接、最有效的方法。

西汉时期，董仲舒主张对人的考察应当把业绩作为主要的标准，在《天人三策·第二策》中对绩效考核有详细的论述，认为有功劳靠的是"任官称职"，而不是"积日累久"。考绩要首先对各级官吏进行考试,"诸侯月试其国,州伯时试其部,四试而一考。天子岁试天下,三试而一考"。其次,根据官吏的爵、禄、秩、功、罪,决定其高下等级和进退。要评出相应的等级,按业绩将官吏分成9个等级,根据等级进行奖惩:五级以上有奖,五级以下要罚,并根据奖惩进行任、免、升、降。董仲舒提出的依据实际绩效定期考核的程序和方法,极大地激发了官吏为政的积极性。

6. 实验试探法

实验试探法类似于我们今天的情景模拟,通过设置一定的情景,观察受测者的反应,进而作出评价。这种方法见于《庄子·列御寇第三十二》中的描述:"故君子远使之而观其忠,近使之而观其敬,烦使之而观其能,卒然问焉而观其知,急与之期而观其信,委之以财而观其仁,告之以危而观其节,醉之以酒而观其侧,杂之以处而观其色。九征至,不肖人得矣。"

总体而言,我国古代有关人才测评的思想和方法相当丰富,但是,必须看到,由于受到具体历史条件的限制,也存在一些局限,如重定性分析、轻量化研究;对人的评价偏向道德层面,对能力的测试不足;测试的内容偏重政治和文化知识,对技术重视不够。不过,古人强调人才测评工作的客观性和全面性,尤其是要求测量要针对本质;在方法和手段上注重综合运用、相互印证,这些对于我们当前的人才测评工作也很有借鉴的价值。

资料来源:李永鑫,杨涛杰,赵国祥. 我国古代是怎样测评人才的 [N]. 北京日报,2007-07-02.

[讨论题]
(1) 请评价古代人才测评方法的优缺点。
(2) 请举出现代还在使用的人员素质测评方法的实例。

实训活动

实训项目3　人员素质测评方法选择

【实训内容】

根据职位素质要求,选择素质测评方法并讨论可行性。并能通过演讲等形式加深认识中国古代素质测评方法。

【实训设施】

人员素质测评实训室;电脑及投影设备(用于演示文稿和视频文件的播放)。

【实训项目3-1】人员素质测评方法选择

(1) 通过网络、期刊等途径收集可行的素质测评方法。
(2) 根据上次实训课所列素质选择测评方法(注意:每种素质可选择多种)。
(3) 讨论每种方法的可行性,并列出理由。
(4) 教师实训点评。

【实训项目3-2】我所认识的中国古代素质测评方法

(1) 搜寻文献资料,如某具体企业的人力资源招聘专员的岗位说明书。
(2) 对搜寻资料进行分析总结,撰写自己的主题演讲稿。

(3) 每人上台进行 5 分钟的演讲,并由学生代表和教师进行打分评价。
(4) 教师实训点评。

自测练习题

一、单项选择

1. "高个之中选高个"或"矮个之中拔高个",反映了选拔性测评的特点是（   ）。
   A. 测评标准刚性强   B. 整个测评特别强调区分功能
   C. 整个测评过程特别强调客观性   D. 测评指标具有选择性
2. 以了解员工素质现状或素质开发中的问题为目的的素质测评是（   ）。
   A. 选拔性测评   B. 诊断性测评   C. 配置性测评   D. 开发性测评
3. 用以确定人们的人格特点或人格类型的心理测验称为（   ）。
   A. 职业兴趣测验   B. 能力测验   C. 人格测验   D. 动机测验

二、多项选择

1. 从广义上说,下列属于人员测评的是（   ）。
   A. 举止相貌   B. 身体状况   C. 智慧才能   D. 品德素质
   E. 命运前途
2. 下列对素质测评表述不正确的是（   ）。
   A. 素质测评必须以某一行为事实为依据
   B. 素质测评是对主体工作前条件的分析与确定
   C. 素质测评实质上就是素质测量
   D. 素质测评与绩效考评是等同的
   E. 素质测评可以为人事配置提供科学依据
3. 下列属于配置性测评特点的有（   ）。
   A. 主观性   B. 客观性   C. 严格性   D. 准备性
   E. 针对性
4. 下列属于操作与运用考核性测评原则的有（   ）。
   A. 全面性原则   B. 充足性原则   C. 可信性原则   D. 针对性原则
   E. 权威性原则

三、论述题

1. 人员素质测评与传统"相人术"有什么本质的区别?
2. 人员素质测评在人力资源管理中有什么作用?
3. 人员素质结构如何分类?
4. 如何制订人员素质的测评方案?

第 4 章
素质测评指标

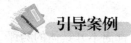
引导案例

顺达公司选拔市场部经理

顺达公司是一家软件开发公司，市场部经理李明在工作上与老板意见不一致，带着几个心腹离开了公司。于是，顺达公司的市场部经理等职位出现了空缺。财务部的王辉向人力资源部经理刘林推荐了他的堂兄王凯。从履历表上看，这个王凯绝对不是个安分的人。他毕业于清华，学的是计算机信息技术，毕业后却干了许多与计算机信息技术联系并不很密切的事情：自己开过软件公司，做过广告创作、电视台的技术总监，也推销过保险，毕业近8年来一直没有固定的工作。按照顺达公司的用人准则，有着这样一份履历的人是不予考虑的，何况是市场部经理这样一个重要的职位。

但由于是公司内部人员的推荐，公司现在又急于招人，所以公司决定给王凯一次面试的机会。在持续的交谈中，刘林感觉到王凯有着一般人少有的睿智与锋芒。整整一个下午，他们谈得非常融洽。刘林与赵总得出了一致的结论：王凯是那种非常有能力、有远大抱负、有开拓精神的人，这正是顺达公司一贯提倡的。他肯定能够胜任市场部经理这个职位，问题是他能否安定下来，真正投入工作。从履历上看，他似乎有着跳槽的爱好。

刘林非常欣赏王凯，但又不确定是否雇用他。为了避免"李明事件"再次发生，公司经过考虑决定对王凯进行一系列的心理测验。这些测验包括两部分：一是能力测验，二是人格测验。根据相关职位要求，能力测验包括智力、社会适应能力、思维判断能力、语言能力、数字能力等几个方面；人格测验则采用了卡特尔16种人格因素测验、职业兴趣测验和投射反应测验。

不久，心理测验结果出来了。能力测验表明王凯充满智慧，具有极强的社会适应能力和思维判断能力，语言能力也很强，适合从事的职业包括社会科学研究、推销、管理与策划、公关等。人格测验显示王凯在个性方面的突出特点是非常聪慧、执着、责任心强,但感情偏脆弱,在处事果断方面有所欠缺,具有鲜明的技术与管理双重职业兴趣和人格倾向。

【思考题】
1. 为什么顺达公司认为王凯的履历不符合公司的用人标准?
2. 作为市场部经理的候选人,王凯接受的心理测验的项目是否合适?

4.1 素质测评的内容、目标与指标

素质测评指标确定的过程是一个逐步明确的过程,即首先确定素质测评的内容及测评目标,然后再设计出详细测评指标的过程。

4.1.1 测评的内容及其确定

任何一种素质测评都是有明确目的的,任何测评目的的实现,都离不开具体的测评内容。测评内容的正确选择与规定,是实现测评目的的重要手段。

在这里,测评内容是指素质测评所指向的具体对象与范围,它具有相对性。例如,干部素质测评中的"德"与"才",面试中的"仪表""口才","科研能力与水平",测评中规定的"近5年来发表的研究成果",公务员录用考试中的"数学""语文""英语"等。相对"数学能力与数学知识"来说,相关考试用书上所列具体章、节、目又是测评内容。

测评内容的确定是以测评目的与所测评的客体的特点为依据的。考核性素质测评的内容范围越广泛越好,而诊断性素质测评的内容一般要求精细和具有针对性。区分性素质测评则要求选择那些变异较大的问题作为测评内容。

确定内容的步骤一般是先分析测评对象的结构,找出所有值得测评的因素,然后根据测评目的与职位要求进行筛选。内容分析最好借助内容分析表(见表4-1)进行。内容分析表的设计,纵向可以列出被测对象的结构因素,横向可以列出每个结构因素的不同层次或不同方面,在表的主体部分具体列出测评点。

表4-1 个体素质测评内容分析表

	知识	思维	日常行为	绩效
德				
智				
体				

4.1.2 测评目标

测评内容确定后,要进一步细化为测评目标。

素质测评目标是对测评内容筛选综合后的产物。有的测评目标可能是测评内容点的直接筛选结果，而有的则是测评内容点的综合。测评目标是素质测评中直接指向的内容点。例如，"品德"中的"诚实""正直""谦虚"，"管理能力"中的"号召能力""协调能力""决策能力"，"知识"中的"基础知识""专业知识"等。显然，素质测评内容与测评目标具有相对性与转换性。"管理能力"在这里是作为测评内容，而它相对"才能"来说又可能是一个测评目标。

测评目标确定主要依据测评的目的与工作职位的要求。不同的测评目的决定着不同的测评目标，但相同的测评目的却不一定有相同的测评目标。同一测评目的依据不同的工作职位的要求可以有不同的测评目标。

测评目标是测评内容点的一种代表。这种代表的选择要通过定性定量的方法来实现，不能任意指定。一般采取德尔菲咨询、问卷调查与层次分析、多元分析相结合的方法进行选择，效果好些。

4.1.3 测评指标

测评目标还要细化为测评指标。它是测评目标操作化的表现形式。

在这里，测评指标并非完全同义于统计学中的"指标"，它是素质测评目标操作化的表现形式。室外温度是测评地区气候的一个目标，但"温度"是一个不便直接测评的东西，人们通过温度计把它操作化表现出来。温度计内的水银柱长短即是"温度"这一气候测评目标的测评指标。

测评指标的编制包括对测评目标内涵与外延的分析，包括对揭示目标内涵与外延标志的寻找。一个测评目标可能要用几个指标来揭示，几个目标也可能共用一个指标。测评指标要比较具体与客观，还要具有较高的相关性。

例如，纪律性这一目标的测评指标，可以从以下不同的方面来拟定：对一些常规记忆的程度；生活学习中的计划性与规律性；作业书写规范程度；迟到早退的次数；听父母话的情况；失约次数；业余时间安排的情况等。因此对纪律性的测评，可以选上述某一指标作为代表，并以每个人在该指标上的得分多少评判他的纪律性；也可以选择几个指标为代表，以每个人在这几个指标上的总分为依据测评他的纪律性。

测评标准有两种基本形式。一种是依据测评内容与测评目的而形成的测评指标体系。这种标准一般是对测评对象内涵的直接描述或诠释，属于效标参照性标准。另一种是对测评客体外延的比较而形成的标准。前一种标准与测评客体本身无关，而后一种标准与测评客体直接相关，属于常模参照性标准。例如，飞行员选拔标准来自对飞机驾驶工作本身的直接描述，这种选拔标准就是效标参照性测评标准；干部选拔标准则是属于常模参照性标准，这里的选拔标准不是客观的、绝对的，而是主观的、相对的，是由参加干部选拔的所有候选人的"一般"水平决定的：高于"一般"水平的人被提拔，而低于"一般"水平的人被淘汰。

由此可见，效标参照性标准制定的关键，在于对测评对象或测评目标内涵揭示标志的寻找，而常模参照性标准制定的关键在于对反映测评对象或测评目标"一般"水平的揭示。当常模参照性标准单维可量化时，则其关键在于建立分数常模。

"标准"是相对"测评"来说的。"标准"在测评过程中既起着依据作用又起着参照规范作用。对于同一个测评目标的指标,既可以是"效标"参照性的,也可以是"常模"参照性的。

例如,"诚实"是一个测评目标,当制定测评指标时,就必须考虑怎样的表现才是诚实的,怎样的表现则是不诚实的。如果最后找到一系列的评判标志,那么由这些评判标志组成的测评指标就是"效标"参照性的。如果制定测评指标时不是出于上面那种考虑,而是就所有的被测评的人相互比较,找出其中"一般"性的诚实行为,把这些"一般"性的诚实行为作为测评指标,那么这种指标就是属于"常模"参照性的。例如,"语言清晰流畅,层次清楚,有条理,说服力强,用词准确、恰当,有分寸",可以说是测评"语言表达能力"的"效标"参照性指标。

4.2 测评指标的构成

人员素质测评指标是对受测者素质特征状态的一种表现形式,单个的人员素质测评指标反映人员考评对象某一方面的特征状态,而由反映受测者各个方面特征状态的指标所构成的有机整体或集合,就是人员素质测评指标体系。将素质测评指标用公式表示如下:

人员素质测评指标=测评要素+测评标志+测评标度
测评要素=测评对象的基本单位
测评标志=揭示测评要素的关键可辨特征
测评标度=测评要素或要素标志的程度差异与状态的顺序和刻度

4.2.1 测评要素的构成

测评要素反映受测者各个方面的素质内容,它因岗而异。如公务员的测评要素一般采用德、能、勤、绩模式。

4.2.2 测评标志的形式

1. 评语短句式

它针对所测评的要素,作出优劣、好坏、是非、大小、高低等判断与评论的句子。

2. 设问提示式

这种指标是以问题形式提示测评者来把握测评要素的特征。从表4-2的示例可以看出设问提示式的主要特点。

表 4-2 设问提示式标志示例

测评要素	测评标志	测评标度				
		优	良	中	可	差
协调性	1. 合作意识怎么样？ 2. 见解、想法不固执吗？ 3. 自我本位感不强吗？					

3. 方向指示式

在这种测评标志中，只规定了从哪些方面去测评，并没有具体规定测评的标志与标度，而是让测评主体自己去把握。显然，这是一种方向指示式标志。从表 4-3 的示例可以看出方向指示式的主要特点。

表 4-3 方向指示式测评标志示例

测评要素	测评标志	测评标度
业务经验	主要从应聘者所从事的业务年限、熟悉程度、有无工作成果等方面进行测评	根据具体情况把握

4.2.3 测评标度的形式

1. 量词式标度

这种标度是用一些带有程度差异的形容词、副词、名词等修饰的词组刻画与揭示有关测评标志状态、水平变化与分布的情形。例如，"多""较多""一般""较少""少"。

2. 等级式标度

这种标度是用一些等级顺序明确的字词、字母或数字揭示测评标志状态、水平变化的刻度形式。例如，"优""良""中""差"，"甲""乙""丙""丁"，"1""2""3""4""5"等。等级之间的距离要适当，太大了，有可能犯"省略过度"的错误，测评结果太粗，区分度差；太小了，有可能使测评操作烦琐，判断过细，不好把握与操作。研究表明，等级数超过 9 时，人们难以把握评判；等级数在 5 以内，测评结果最佳。

3. 数量式标度

这种标度是用分数来揭示测评标志水平变化的一种刻度。它有连续型点标式与离散型点标式两种。表 4-4 是离散型点标式标度示例，表 4-5 是连续型点标式标度示例。

表 4-4 离散型点标式标度示例

测评要素	测评标志	测评标度
综合分析能力	能抓住实质，分析透彻 接触实质，分析较透彻 抓不住实质，分析不透彻	10分 5分 0分

表 4-5 连续型点标式标度示例

测评要素	测评标度				
	5~4.5分	4.4~4分	3.9~3.5分	3.4~3分	3分以下
协作性	合作无间	肯合作	尚能合作	偶尔合作	我行我素

4.3 确定指标体系的方法和原则

4.3.1 确定指标体系的基本方法

1. 工作分析法

工作分析法是采用科学的方法收集工作信息，并通过对其分析与综合找出主要工作因素，其实质就是要从不同个人职业生涯与职业活动的调查入手，顺次分析员工、职务、职位、职责、任务与要素的过程，并由此确定工作的性质要求与任职条件。

2. 个案研究法

对某一个体、群体或某一组织在较长时间里连续进行调查研究，期望从典型个案中推导普遍规律的研究方法称为个案研究法。例如，根据确定的目的、对象，选择若干个具有典型代表性的人物或事件为调研对象，通过对他们的系统观察、访谈，总结出他们所从事职业的职务分析来确定评定要素。常见的个案研究法有典型人物（或事件）研究与资料研究两大类。典型人物研究是以典型人物的工作情境、行为表现、工作绩效为直接对象，通过对他们的系统观察、分析研究来归纳总结出他们所代表群体的评定要素。资料研究是以表现典型人物或事件的文字材料为研究对象，通过对这些资料的总结对比分析，归纳出评定要素。因为个案是现实生活中的典型，它具有真实、可信等优点，所以由此产生的评定要素既有针对性，又有较为全面的整体构思；缺点是研究周期长，研究结果具有描述性，容易受研究者的经验、知识、能力等个人因素的影响。

3. 专题访谈法

专题访谈法指研究者通过面对面的谈话，用口头信息沟通的途径直接获取有关专题信息的研究方法。

例如，通过领导者、人事干部、某职务人员等人进行多人次的广泛交谈，交谈内容围绕下述两个问题展开：

你认为具备什么条件的人最适合担任××职务？

××职务的工作成效检验的主要指标是什么？

研究者分析汇总访谈所得的资料，可以获取许多极其宝贵的材料。专题访谈法有个别访谈法和群体访谈法两种。个别访谈轻松、随便、活跃，可快速获取信息。群体访谈以座谈会的形式进行，具有集思广益、团结民主等优点。两种形式的采用或有机结合，有助于评定要素的确定。专题访谈法具有简单、易行、研究内容集中，便于迅速取得第一手材料等优点，因而在实践中被广泛运用。但谈话法无统一规范，使信息的获取与加工都要受到研究者个人条件的影响。

4. 问卷调查法

运用内容明确、表达正确的问卷量表，让被调查者根据个人的知识与结构，自行选择答案的研究方法称为问卷调查法。例如，研究者通过访谈法把评价某职务人员的评定要素归纳为40个要素，为了筛选要素或为了寻求关键要素，可以用问题或表格的形式进行问卷式的民意调查。

问卷形式按答案的标准化程度可分为开放式问卷和封闭式问卷两种。

开放式问卷无标准化答案和回答程序，被调查者可以根据自己的真实想法，自由回答。

例如，某油田科技拔尖人才评价量表的调查问卷中有如下两题：

- 你认为拔尖人才主要应当具备什么条件？
- 你认为"草案"中提供的10项能力是否合理？要增加或删减吗？

封闭式意味着有标准的答题方式，常见的封闭问卷有是非法、选择法、计分法、等级排列法四种。

1）是非法

要求被调查者对问卷中的每一个问题作出"是"或"否"的回答。

例如，教师需要有较强的口头表达能力吗？是□　否□

2）选择法

要求被调查者从并列的两种假设提问中，作出选择。

例如，研究人员应当有合作精神　□

研究人员应当有民主作风　□

3) 等级排列法

要求被调查者对多种可供选择的方案，按其重要程度排列出名次（1为最重要，2为较重要……）。

例如，现代领导者应该具有事业性、责任性、坚韧性、原则性、民主性等5项品德特性，试按重要性依次排列这5个特性。

一般而言，开放式问卷可以广泛了解民意，大量收集信息，适合于要素选择的初级阶段；封闭式问卷答案规范，便于统计分析，适合于素质的分析判断及要素体系的总体规划。

4.3.2　测评指标体系设计的原则

1. 针对性原则

在对不同类别被测人员进行功能测评时，测评指标体系中的各项指标应有所不同，要根据各类人员的具体特点来进行指标设计。在设计评价标准时，应首先对各岗位进行工作分析，确定它对人员素质在心理、道德、智力、能力、绩效和体能等方面的基本要求，然后进行调查研究，归纳提炼出评价标准。对于不同类型的人进行测评其指标是不同的，即使有些指标相同，但其内容可以不一样或者其权重设置是不一样的。

2. 先进性原则

评价指标的设计，在评价指标的内容上应充分考虑到市场经济和知识经济对人员素质的新要求，在设计方法和手段上要借鉴国内外人事测评指标设计的先进经验，开发出具有自己特色的评价指标体系。

3. 完备性原则

完备性指的是处于同一个标准体系中的各种标准相互配合，在总体上能够全面地反映工作岗位所需具备的素质及功能的主要特征，使整个考评对象包含在评价标准体系内容之中。设 O 为考评对象，A 为考评指标体系中第 i 个指标，那么完备性原则是 $\sum A_i = O$，即在能够获得被测评者素质结构完备信息的基础上，以尽可能少的指标个数来充分体现测评的目的。例如，反映被测人员综合分析能力的具体指标可以有多种多样，其中严密性、精确性、理解力和逻辑性4个指标组织的指标体系，就能满足指标设计中完备性原则，既做到使指标的个数尽可能少，又能很好地反映被测人员的综合分析能力。

4. 与测评对象同质原则

人员素质测评指标是测评对象特征的标准。这就需要测评指标的内容与标志特征同所测评的对象特征相一致。如尺子能有效地度量物体的长度，是因为它本身有长度的特征。同质性原则是人事测评的效度的保证。

5. 定性与定量相结合的原则

在进行评价标准的设计时，能用数量标准进行测量的尽量用数量加以描述，最大限度地提高测评的精度，而对那些适用于定性描述的素质，其定性评价标准要与其他定量测评标准结合使用。

6. 可操作性原则

即设立的标准应该可以辨别、可以比较、可以测评，也就是说，评价标准所展示的标志是可以直接观察、计算或能通过一定的方法辨别、把握和计量的。因此，在进行评价标准设计时，要充分考虑可操作性，评价标准的措辞应当通俗易懂，避免意义含糊不清；测评标准的内容和形式，应当尽量简化，突出重点。例如，"工作经验"本身是一个难以直接考评的指标，把它表征为"工作实际年限"时，则就成了一个可能直接考评的指标。

7. 独立性原则

即设立的评价标准在同一层次上应该相互独立，没有交叉。一般来说，企业经营管理的评价指标体系由多个层次构成，独立性原则要求同一层级上的 A 指标与 B 指标不能存在重叠和因果关系。

8. 结构性原则

即要求所设立的测评指标体系在总体上要有条件、过程与结果三个方面的指标。因为人员素质测评系统是一个复杂的系统，测评时只从一个方面进行往往难以奏效。因此在员工素质测评中既要有对所取得效率效果测评的指标，又要有对职责任务完成情况测评的指标，还要有对素质条件测评的指标。

4.4 测评指标体系建构的步骤

人员素质测评指标体系的设计与建构是一个系统工程。图 4-1 表示了测评指标体系建构的程序。

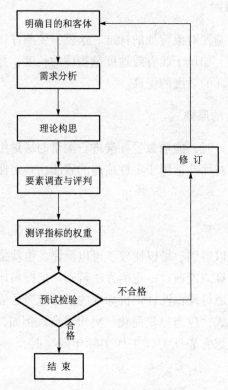

图 4-1 指标体系设计与建构程序图

4.4.1 明确测评的客体与目的

素质测评标准体系的制定,首先必须以一定的测评客体为对象,以一定的测评目的为根据。测评客体的特点不同,测评标准体系就不同。即使同一测评客体,若测评目的不同,则所制定的标准体系也不尽相同。如对教师的测评标准显然不同于对厂长、经理的测评标准,选拔性测评标准体系显然要区别于配置性素质测评标准体系。

4.4.2 测评指标体系的设计

根据素质测评的客体特征与测评目的确定了测评内容之后,需要将测评内容标准化,把它们变成可操作性的测评项目。

1. 职务分析

职务分析是对各项职务的性质、任务、责任、环境以及工作人员的条件进行系统分析,也称为工作分析。职务分析主要包括人员和事务两个方面的内容。有关工作人员的分析包括应当具备的职业道德和条件、智能条件和知识水平、工作经验、资历等;有关事务的分析包括工作性质、工作程序、工作服务同相关工作的关系、工作与设备等。通过职务分析,确定职位或岗位对人员的素质要求,以便为指标要素的设计提供依据。因此，职务分析是测评要素设计的起点。在职务分析的基础上可以产生各类人员素质与功能模型。

2. 理论构思

在职务分析的基础上产生的各类人员素质与功能模型，仅是测评要素和要素体系的雏形，还必须从有关学科的意义上进行理论指导，使之具有严密性、简明性、准确性和原则性。所谓严密性，就是要素的设计要有一定的科学理论依据，要有一定的实践基础，要进行科学评价；所谓简明性，就是要素的名称要简单明了，做到言简意赅，名副其实；所谓准确性，就是要素的设计要符合管理科学和管理实践，要按照管理科学的有关原理去设计能够客观反映人员素质及其功能特性的指标体系。

3. 要素调查与评判

在职务分析和理论推演的基础上对各类人员测评要素体系雏形进行调查或请专家进行评判，使指标体系结构更加完善，更具实用性和操作性。每一个素质测评指标，都必须认真分析研究，界定其内涵与外延，并给予清楚、准确的表述，使测评者、被测评者及第三者均能明确测评指标的含义。指标的表述特别要注意保证不要引起测评者产生不同的理解并由此对标准掌握不一而产生误差。此外，还要分析测评指标体系的整个内涵，把那些内容上有重复的指标删除掉；同时根据方便可测性的要求，反复斟酌，用较简便可测的指标去代替看似精确但可测性较差的指标。

如何筛选那些优良的素质测评指标呢？一般是依据下列两个问题逐个检核指标：
（1）这个测评指标是否具有实际价值；
（2）这个测评指标是否切实可行。

4. 测评指标的权重与计量

各个测评指标相对于不同的测评对象来说，会有不同的地位与作用。因此，要根据各测评指标对测评对象反映的不同程度而恰当地分配与确定不同的权重。但如果仅有一个权数，而没有对每一个指标规定一个统一的计量办法，则测评者的测评结果会有很大差异。

所谓权重，即测评指标在测评体系中的重要性或测评指标在总分中所应占的比重。加权通常有三种基本类型：纵向加权、横向加权、综合加权。

纵向加权即对不同的测评指标给予不同的权数值，其目的是使不同的测评指标的得分可以进行纵向比较；横向加权即给每个指标分配不同等级分数，其目的是使不同的测评客体在同一测评指标上的得分可以比较。综合加权即纵向加权与横向加权同时进行，其目的是使不同的测评客体在不同的测评指标上的得分可以相互比较。

一般的加权是根据不同的测评主体、不同的测评目的、不同的测评对象、不同的测评时期和不同的测评角度而指派不同的数值。确定权重的方法主要是特尔斐法（专家咨询法）。

任何一个测评指标的计量，均由两个因素决定：一是计量等级及其对应的分数，二是计量的规则和标准。在计量等级及其对应的分数方面,为了使测评的结果规范化、统一化和计分简单化,便于计算机处理,对于测评指标体系中的每一个指标,可采取统一的分等计分法,即每一个测评指标都分为1~5等,分别对应分数5~1分;在计量的规则或标准方面,一般因具体情况的不同而不同,常见的有以下两种情况。

对于客观性测评指标,如出勤率、犯错误的次数等,均可采取客观性的计量方法来计量。一是可列出聘用制测评指标有关的参考标准,这个参考标准可以是有关政策的规定,也可以是国内外提供的经验数据,计量中以参考标准为效标,根据测评的对象偏离颜色标的实际程度来确定相应的等级。二是可以把测评对象在某一测评指标上实际达到的水平从高到低排列,以获得最高分者得5分为标准,其余按此比例量标折算,确定等级得分。

对于主观性的测评标准,要求测评者在调查研究的基础上进行定性分析,然后根据自己以往的经验和当前的实际来确定测评对象在该指标上的等级水平并给予相应的分数。在这种情况下,一般借助于模糊数学的方法进行模糊计量。

5. 预试检验修订

测评要素初步设计出来后,必须同测评标准体系和计量体系相匹配,在小范围内试验,这称为量表预试。预试后应着重对要素进行分析、论证、检验并不断修订,或增减或合并,进一步充实和完善,最后形成一个客观、准确、可行的测评指标体系,以保证大规模测评的可靠性和有效性。

上述5个程序循序渐进,环环相扣,并各具特有的功能。工作分析是基础环节,理论推演是科学依据,调查分析与评判使指标要素更具合理性与实用性,预试修订是实践检验。

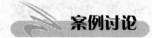
案例讨论

案例1 人员测评在真珍公司的实施与运用

真珍公司是一家中日合资企业,2002年有员工4 000多人,总资产达1.2亿元,是国家级的中型服装企业。面对激烈的市场竞争,真珍公司制定了稳住日本市场、大力拓展国内市场和欧美市场的发展战略。公司管理层认识到要实现这一目标,人才是关键。为了发现人才、用好人才并为人才的成长创造一个好的环境,真珍公司决定建立一套规范合理的绩效考核体系,并对公司所有非计件员工进行一次测评,以综合考察公司现有的人力资源状况。公司管理层希望通过测评达到以下目的:① 对每个人的能力进行一次全面公正的评价,以便在实践中更好地配置人力资源;② 希望能发现一些具有发展潜力的人才,以便重点培养和使用;③ 希望员工通过测评能够很好地认识自己,以便在以后的工作中改进工作绩效。

测评设计人员根据能力要素理论将待测的人员素质分为心理素质、身体素质、文化素质和工作技能。能力要素体系涵盖了个体能力表现的总和，然而企业在实施人员测评时不可能对每一个要素都进行测量。真珍公司根据实际情况，筛选出绩效相关要素并据以设计测评指标，大致分两步进行：首先，通过对公司员工的学历、工作年限、工作性质等项目的总体调查，发现参与测评的员工以事务性工作为主，较少参与体力劳动，因而剔除了身体素质要素；接着便与真珍公司各部门员工代表进行访谈，并依据访谈结果确定绩效相关要素；最后，设计的测评指标体系如表4-6所示。

表4-6 真珍公司人员测评指标体系

心理素质			文化素质	工作技能
价值观	智力	人格	6. 学历 7. 专业知识	8. 工作经验 9. 人际交往能力 10. 领导与管理能力 11. 科学决策能力
1. 事业心与进取心	2. 学习能力 3. 综合分析能力	4. 积极主动性 5. 自信与开拓性		

此次测评，根据各个项目测评指标的重要程度确定了各个项目测评结果对测评总得分的影响程度，即权重。

资料来源：改编自：肖慧. 人员测评在真珍的实施与运用. 管理现代化，2002(4).

[讨论题]
(1) 真珍公司人员测评标准体系体现了测评的目的了吗？
(2) 测评人员采用了哪些测评标准体系建构的方法？
(3) 测评指标体系设计中体现或违背了哪些设计原则？
(4) 你认为该指标体系还适用于什么样的企业和人员？

实训活动

实训项目4 构建人员素质测评指标体系

【实训内容】
构建人员素质测评的整体架构，初步了解人员素质测评的方法体系，并能根据企业要求设计制定岗位的胜任特征调查问卷。

【实训设施】
人员素质测评实训室、电脑及投影设备（用于演示文稿和视频文件的播放）。

【实训项目4-1】构建人员素质测评指标体系
(1) 搜寻文献：查找所讨论的职业（或职位）素质的一般结构（至少有两份资料）。
(2) 分析与总结，整合测评要素。

(3) 筛选测评要素并确定指标,制定一份企业招聘评分表。
(4) 运用"测评指标量化技术"对上述评分表赋值。
(5) 人员测评方法体系的设计。
(6) 根据构建人才测评标准体系的流程,画出人才测评标准体系的一般结构图。
(7) 教师实训点评。

【实训项目4-2】设计人力资源招聘专员胜任特征调查问卷
(1) 搜寻文献资料,如某具体企业的人力资源招聘专员的岗位说明书。
(2) 对搜寻资料进行分析总结,提炼分析胜任特征。
(3) 编制人力资源招聘专员的胜任特征调查问卷,问卷内容包括对工作绩效表现上的重要性及需要每项能力素质的频率等进行调查。
(4) 请与目标岗位人员有密切工作关系的相关人员填写问卷。调查对象包括直接上级、在岗人员代表、优秀的员工代表等。
(5) 根据问卷结果进行统计分析,建立人力资源招聘专员最终的胜任特征模型。
(6) 教师实训点评。

自测练习题

一、单选题

1. "素质测评目标体系"是指有内在联系的一系列素质测评(　　)。
   A. 标准　　　　B. 方法　　　　C. 目标　　　　D. 工具
2. 在建构测评标准体系时,将测评要素层层分解成测评目标、测评项目、测评指标,可以形成测评标准体系的(　　)结构。
   A. 纵向　　　　B. 横向　　　　C. 混合　　　　D. 网络
3. 工作分析的方法有多种,其中观察法适用于(　　)的生理性工作特征的调查分析。
   A. 长时间　　　B. 短时间　　　C. 长短时间均适用　　D. 以上均不对

二、简答题

1. 测评内容、目标和指标相互有什么区别与联系?
2. 人员素质测评指标的构成要素有哪些?
3. 举例说明测评标志的形式有哪些。
4. 确定测评要素的基本方法有哪些?相互比较每一种方法的优缺点。
5. 测评指标体系设计的原则是什么?
6. 测评指标体系建构分为几个步骤?
7. 如何筛选优良的素质测评指标?

三、论述题

1. 测评标准体系的建构应符合哪些基本标准?

2. 怎样在建构的各步骤中实现各建构原则的统一？

四、测评方法设计题

某企业欲向全市招聘一名薪酬人力资源专员。

1. 请对该职位进行分析确定任职人员必备的基本条件和素质要求。设计素质测评指标体系。

2. 假如你是该企业的人力资源管理部门的负责人，请你设计选拔的步骤与方法，并说明如何操作。

第 5 章
面 试

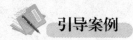 引导案例

招募到更好的工作申请人

如果你问詹妮弗和她的父亲，在经营他们的企业时遇到的主要难题是什么，他们的回答将会是直接而简单的："雇用到好的雇员。"在企业刚刚开始建立的时候，使用的设备是投币式自动操作洗衣机，因而几乎不需要技术工人。当它成长为拥有6家连锁店的企业时，它就越来越倚重于有技术的管理人员、干洗工、污渍去除工及熨烫工。公司所雇用的雇员几乎连高中毕业的水平都没有。但即使是这样，市场上的竞争依然十分激烈。在一张典型的地方报纸的周末招聘广告栏中，往往有数十家公司在招募有工作经验的熨烫工或干洗工、污渍去除工。这些工人的工资大约每小时6美元，而且工作的更换频率极高。因而，詹妮弗和她的父亲就面临着不断招工的任务，而那些他们可以选择的工作候选人大多数看上去都像是流浪汉，这些人喜欢不断地从一个地区流向另外一个地区；从一份工作流向另一份工作。他们洗衣店的人员流动率常常高达400%（他们的竞争对手的情况也大致如此）。詹妮弗说："不要跟我谈人力资源计划和趋势分析，我们正在打一场经济战争，如果能找到足够的工作申请人来求职，如果能有足够的人手来使企业正常运转起来，我就谢天谢地了。"

面对这种困境，詹妮弗的父亲要求她回答下列问题：

（1）对于我们降低人员流动率的努力，你能提出何种建议？

（2）请提出一系列详细的建议，提示我们如何才能增加可以接受的工作申请人数量，以避免不得不接受几乎任何一位走进来的求职者这样一种不利局面（对后一个问题的建议应包括完整的文字性招募广告，以及我们可以实施的招募战略方面的做法）。

资料来源：德斯勒. 人力资源管理. 6版. 北京：中国人民大学出版社，1999.

5.1 面试概述

面试在我国有着悠久的历史，但是作为一种科学方法应用于人员素质测评则是近几

年的事，其应用也更为规范、系统。

5.1.1 面试的定义

面试是一种经过精心设计，在特定场景下以面对面的交谈与观察为主要手段，由表及里测评应试者有关素质的一种方式。

在这里，"精心设计"的特点使它与一般性的面谈、交谈、谈话相区别，后者强调的只是面对面的直接接触形式与情感沟通的效果，它并非经过精心设计。

"在特定场景下"的特点使它与日常的观察、考察测评方式相区别，后者是在自然情景下进行的。

"以面对面交谈与观察为主要手段，由表及里"的特点，不但突出了面试中"问""察""觉""析""判"的综合性特色，而且使面试与一般的口试、笔试、操作演示、情景模拟、访问调查等人员素质测评的形式区别开来。口试强调的只是口头语言的测评方式及特点，而面试还包括对非口头语言行为的综合分析、推理与直觉判断。

"有关素质"说明了面试的功能并非是万能的，在一次面试中，不要面面俱到，包罗万象地去测评人的一切素质，要有选择地针对其中一些必要的素质进行测评。

5.1.2 面试的特点与趋势

1. 面试的特点

1）对象的单一性

测评的内容主要应侧重于个别特征，因人而异。

2）内容灵活性

问题可多可少、可深可浅，视应试者情况和面试要求而定。一般情况下，面试时间大约30分钟，所提问题10个左右为宜。

3）信息的复合性

既注意收集它的语言形式信息，又注意收集非语言形式的信息。

4）交流的直接互动性

面试中被试的回答行为表现与主试人的评判是直接相连的，没有任何中间转换形式，二者的接触、交谈、观察是相互的，是面对面进行的，二者的信息交流与反馈也是相互作用的。

5）判断的直觉性

它不是仅仅依赖于主试严谨的逻辑推理与辩证思维，而往往包括很大的印象性、情感性与第六感觉特点。

2. 面试的趋势

1）形式多样化

以面谈为基础，引入答辩式、演讲式、辩论式、讨论式、案例分析、模拟操作等。

2）内容全面化

由开始仅限于举止、仪表、知识面发展到对知识素质、智能素质、品德素质与气质、兴趣爱好、愿望理想与动机需要的全面测评，由一般素质测评发展到以拟录用职位要求为依据，包括一般素质与特殊素质在内的综合测评。

3）试题的顺应化

现在问题的提出是参考事先设计的思路与范围，顺应测评目的需要而自然地提出，问题是围绕测评的情况与测评目的而随机出现的，充分体现了因人施测与发挥主试主观能动性的特点。

4）程序规范化

目前绝大部分面试都事先有一个具体的实施方案，对操作要求有一定的程序规定，以提高面试的质量与可比性。

5）考官内行化

现在对面试人员一般都进行面试技术培训和专业知识培训，并实行面试前的集训。

6）结果标准化

近年来，各地的面试内容与结果格式趋于一致，基本上都是趋于表格式、等级标度与打分形式。

5.1.3 面试的理论依据

内在素质与外显行为在人身上是一个支柱的整体系统，是一个耗散结构系统，内在的素质必然会通过外显的行为表现出来。外显的行为受制于内在的素质，具有某种特定性、稳定性与差异性。人的外显行为包括语言行为和非语言行为（见图5-1），在非语言行为中，包括意义明确的自觉行为和意义不明确的体态行为。而前者又包含体态行为、工作行为、生活行为、生理行为。

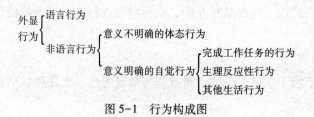

图 5-1 行为构成图

1. 面试的信息沟通通道最多

面试是多向的动态的信息沟通，面试中主试发射的刺激信息，既有语言的也有体态的，被试接受并反馈到主试的信息中也既有语言的也有体态的，而且这种沟通不是单向的而是多向的，各个"向"之间不是机械地重复，而是动态地变化，主试可以根据被试的回答情况及测评需要，不断地调换问题的形式与内容。

2. 所有测评方式中面试的信息量最多，利用率最高

心理学家曾对交谈中言谈与行为传递信息的效果进行过因素分析学的研究，结果表明，其中言辞只占7%，声音占38%，而体态竟占55%。

3. 语言和体态语对素质的揭示具有充分性、确定性和直观性与一定的必然性

非语言体态语一般指手势、身势、面部表情、眼色、人际空间位置等一系列能够揭示内在意义的动作。体态语具有揭示内在素质的功能，具有交流思想、传达感情、昭示心理、强调指代、表示社会联结关系的各种功能，具有一定的社会性与规定性。因此，体态语对内在素质的揭示具有确定性。精神分析学说告诉我们，只有当被试如实地表述其素质状态时，其语言行为与非语言的体态才能协调一致。

5.1.4 面试的功能作用

面试具有以下4个方面的功能。
（1）可以有效地避免高效低能或冒名顶替者入选。
（2）可以弥补笔试的不足。
（3）可以考查笔试与观察中难以测评到的内容，如人的仪表、风度、自然素质、口头表达能力、反应能力等。
（4）可以灵活、具体、确切地考查一个人的知识、能力、经验及品德特征。

5.2 面试的主要内容及种类

5.2.1 面试的主要内容

虽然从理论上讲，面试可以测评应试者几乎任何一种素质，但是在测评甄选实践中，并不是以面试去测评一个人的所有素质，而是有选择地用面试去测评它最能测评的内容。例如，公务员考录面试的主要内容包括以下三个方面。

1. 仪表风度

这是指应试者的体形、外貌、气色、衣着举止、精神状态等。像国家公务员、教师、公关人员、企业经理人员等职位，对仪表风度的要求较高。研究表明，仪表端正、衣着整洁、举止文明的人，一般做事有规律，注意自我约束，责任心强。

2. 专业知识

了解应试者掌握专业知识的深度和广度，其专业知识是否符合所要录用职位的要求，作为对专业知识笔试的补充。面试对专业知识的考查更具灵活性和深度，所提问题也更接近空缺岗位对专业知识的需求。

3. 工作实践经验

一般根据查阅应试者的个人简历或求职登记表的结果，作相关的提问；查询应试者有关背景及过去工作的情况，以考查补充、证实其所具有的实践经验和专业特长。

面试内容如表5-1所示。

表5-1 面试问话提纲示例

面试项目	评价要点	提问示例
仪表风度	体格外貌、穿着举止、礼节风度、精神面貌	目测
工作经验	从被试所述工作经历中判断其经验丰富程度、职位的升迁情况，判断其在工作经历中的责任心、组织领导力、创新意识	你在这家公司里做出了哪些你认为最值得骄傲的成就？ 你认为该工作的难点或挑战性在什么地方？ 你在工作中有什么收获和体会？ 在你主管的部门中，遇到过什么困难？你是如何处理的？
工作动机与愿望	过去和现在对工作的态度，更换工作与求职原因，对未来的追求与抱负，对所求工作的期望，个人发展的打算，个人收入的要求，从中了解本公司所提供的岗位或工作条件能否满足其工作要求和期望	你为何希望来公司工作？你为什么要应聘这个岗位？ 你在工作中追求什么？个人有什么打算？ 你想怎样实现你的理想和抱负？ 你对现在的同事和主管怎么看？你认为他们有什么优缺点？你认为个人事业的成败是由什么决定的？
经营意识	判断应聘者是否具有市场、效率观念、竞争意识以及是否具备基本的市场知识	通过经营小案例来判断其是否有这方面的观念和意识
知识水平专业特长	应聘者是否具有应聘岗位所需要的专业知识和专业技能	你在大学学过什么专业或接受过哪种培训？ 你在大学对哪些课程最感兴趣？哪些课题学得最好？ 询问一些专业领域的案例和专业领域的问题 你有什么级别的专业资格证书或能力证明？ 近年来你阅读、写作、发表了什么专业文章或书籍

续表

面试项目	评价要点	提问示例
精力活力与兴趣爱好	考查应聘者是否精力充沛,充满活力,其兴趣爱好是否符合工作要求,是否有烟、酒、赌等嗜好	你喜欢什么运动?经常参加锻炼吗? 你喜欢什么娱乐活动?有什么爱好?喜欢读什么书籍? 你业余时间怎么度过?你喜欢看什么电视节目? 你每月抽烟、喝酒、打麻将的消费是多少? 你常和朋友一起玩到很晚才休息吗?
思维力分析力语言表达力	对主试所提问题是否能够通过分析判断,抓住事物本质,并且说理透彻,分析全面,条理清晰,是否能顺畅地将自己的思想、观点、意见用语言表达出来	如果让你筹建一个部门,你将从何着手? 提供一些小案例,要求其分析、判断 你认为怎样适应从学校到社会的转变? 你认为如何解决我国的下岗待业问题? 案例:失去监督的权力必然产生腐败,对这句话你如何理解? 谈谈近年来走私贩私屡禁不止的原因
反应力与应变力	头脑的机敏程度,对突发事件的应急处理能力,对主试提出的问题是否能迅速、准确地理解,并尽快作出相应的回答	我们凭什么录取你? 案例:你朋友生病,你带了礼物去看他,正好碰上你的领导,他认为你是来看他的,因此他接下礼物连连致谢,这时你如何向你的领导说明你是来看朋友的而又不伤领导的面子?
工作态度诚实性、纪律性	工作态度如何,谈吐是否实在、诚实,是否热爱工作,奋发向上	你认为单位管得严一些好还是管得松一些好? 你在工作中看到别人违反规定和制度,你该怎么办? 如果我们雇用你,你准备工作多长时间? 你如何看待超时,周末和休息日加班?
自知力自控力	应聘者是否能够通过经常性的自我检查,发现自己的优缺点,同时在遇到批评、遭受挫折以及工作有压力时,能够克制、容忍、理智	你自己的长处和短处在哪里?怎样才能扬长避短? 你认为在自己选择的领域要取得事业成功,要有哪些素质? 领导和同事批评你时,你如何对待? 假如这次招聘你未被录取,你今后会做哪些努力?
事业心、进取心、自信心	奋斗目标、理想抱负及为之努力的程度,对现状的满意程度,工作的积极性、主动性、创造性、对工作是否严格要求自己等。而对自信心的判断主要靠身体语言,而并非靠回答的内容,主要依据:(1)目光,是否敢于正视主试,目光是否平视、坦然;(2)姿势,是否有小动作或不自然的举动,坐立不安或胆怯、拘谨;(3)语言表达,是否声音低、弱、颤、语调平淡,情绪化,表达不流利	你在工作中追求什么?你个人有什么抱负和理想?准备怎样实现自己的理想? 你认为现在的工作有什么需要改进的地方? 你怎样看待你们部门中的应付工作、混日子的现象? 你的职业发展计划是什么?如何去实现这个计划? 你认为这次面试你能通过吗? 领导交给你一个很重要但又很艰难的任务,你怎么去处理? 你认为成功的决定因素是什么? 你对现状满意吗?为什么? 你经常向领导提合理化建议吗?

5.2.2 面试的 6 种题型

1. 导入性问题

导入性问题是指在应试者入场，考官做指导性阐述之后，考官提出的一些有关应试者背景的问题。其目的主要在于缓和应试者的紧张情绪，形成考官与应试者之间的融洽交流气氛，使应试者能够随后发挥出最佳水平，同时使考官能够了解应试者的真实水平，以反映公平。例如，"请你用两三分钟的时间简单介绍一下你自己的基本情况。"

2. 行为性问题

行为性问题是指考官询问应试者过去于某种情境下的行为表现。此类问题的前提是过去表现是对未来表现的最好预测，了解应试者在特定情境下特定的完整事件中的行为及其效果。可使用 STAR 追问法，STAR 指当时的情境（situation）、任务（task）、行动措施（action）、行为结果（result）四个方面，即了解一个过去的完整的事件，旨在取得应试者过去行为中与一种或数种能力有关的信息。例如，若要了解关于应试者压力耐受性的信息，可以问："你能否告诉我某个最近发生的情况，在其中你不得不应付超乎寻常的紧张压力？"并可追问："你是怎样应付这个情境的呢？""那么你的反应对他人有什么影响呢？""他人是如何评价你的？""你又是如何评价你自己，从中你得到了哪些经验或者教训？"

3. 智能性问题

主要考查应试者的综合分析、言语表达能力。一般是，考官提出一些有争论的问题，让应试者阐述自己的看法。对这类问题的评判，不能以应试者的回答与考官的理解是否一致为标准，而要考查应试者是否能自圆其说，令人信服，以及其意思的表达是否清晰，有逻辑。目的是考查应试者思维的逻辑性、严密性、思维的广度和深度，以及综合概括能力、分析比较能力、推理能力、观察力和知识面等。出题的思路不在于考查应试者的观点正确与否，而在于看其是否能在比较复杂的问题面前抓住问题的症结，逻辑是否合理、正确，论据是否充分，是否能够以理服人。例如，"随着经济的发展，环境污染也日益成为百姓关注的问题。似乎经济发展和环境保护之间有矛盾。你对环境的污染和经济的发展之间的关系有何见解？是更看重经济的发展还是更看重治理环境的污染？"

4. 意愿性问题

意愿性问题主要考查应试者工作的动机是否与岗位相匹配。目的在于测查应试者的求职动机。如询问应试者离开原工作单位的原因或设计一个两难情境让应试者选择，并询问选择的动机是什么。

5. 情景性问题

情景性问题是指设计未来的一种情况，问应试者将会怎么做。通过描述一个针对相关能力的、与工作有关的假定情境，要求应试者回答在这个给定的情境中他们会怎样做。例如："有人说计划赶不上变化，所以作计划一点用处也没有，请结合亲身经历谈一下对此的感受。如果让你负责某项目的市场开发及跟踪工作，你认为哪些方面的工作最为重要？"

6. 应变性问题

主要考查应试者在紧急情况下的快速反应能力、妥当解决问题的能力及情绪的稳定性。一般提问形式为假设一种意外情况需应试者立即处理，问应聘者设想的解决方案是什么；或者对应试者提出一些刁难性问题，看应试者如何解决。"如果你的领导在一次工作报告会上的发言中出现一个明显的错误，但领导毫不知觉，你如何在不伤害领导的前提下，阻止他继续犯错？"或者提一个制造紧张的问题："我们对你的书面材料很满意，所以才请你面试，但说实话，你在面试中的表现却令我们很失望。你能解释一下原因吗？"这要求应试者具备敏捷的思维、稳定的情绪和良好的控制力，并对问题进行周密的考虑，同时给予机智的回答。

5.2.3 面试的种类

面试的形式多种多样，不同性质的招聘采取的面试形式往往不同，常见的面试形式有以下几种。

1. 单独面试与集体面试

1）单独面试

所谓单独面试，是指主考官个别地与应试者单独面谈。这是最普遍、最基本的一种面试方式。

单独面试的优点是能提供一个面对面的机会，让面试双方较深入地交流。单独面试又有两种类型。一是只有一个主考官负责整个面试过程。这种面试大多在较小规模的单位录用较低职位人员采用。二是由多位主考官参加整个面试过程，但每次均只与一位应试者交谈。公务员面试大多属于这种形式。

2）集体面试

集体面试又叫小组面试，是指多位应试者同时面对主考官的情况。在集体面试中通常要求应试者作小组讨论，相互协作解决某一问题，或者让应试者轮流担任领导主持会议、发表演说等。这种面试方法主要用于考查应试者的人际沟通能力、洞察力与把握环境的能力、领导能力等。

无领导小组讨论是最常见的一种集体面试法。在不指定召集人、主考官也不直接参与的情况下，应试者自由讨论主考官给定的讨论题目，这一题目一般取自于拟任工作岗位的专业需要,或是现实生活中的热点问题,具有很强的岗位特殊性、情景逼真性和典型性。讨论中,众多考官坐在离应试者一定距离的地方,不参加提问或讨论,通过观察、倾听,为应试者进行评分。

2. 一次性面试与分阶段面试

1) 一次性面试

所谓一次性面试,即指用人单位对应试者的面试集中于一次进行。在一次性面试中,面试考官的阵容一般都比较"强大",通常由用人单位人事部门负责人、业务部门负责人及人事测评专家组成。在一次性面试情况下,应试者是否能面试过关,甚至是否被最终录用,就取决于这一次面试表现。面对这类面试,应试者必须集其所长,认真准备,全力以赴。

2) 分阶段面试

分阶段面试又可分为两种类型:一种叫"依序面试",一种叫"逐步面试"。

依序面试一般分为初试、复试与综合评定三个步骤。初试的目的在于从众多应试者中筛选出较好的人选。初试一般由用人单位的人事部门主持,主要考查应试者的仪表风度、工作态度、上进心、进取精神等,将明显不合格者予以淘汰。初试合格者则进入复试。复试一般由用人部门主管主持,以考查应试者的专业知识和业务技能为主,衡量应试者对拟任工作岗位是否合适。复试结束后再由人事部门会同用人部门综合评定每位应试者的成绩,确定最终合格人选。

逐步面试,一般由用人单位的主管领导、处(科)长以及一般工作人员组成面试小组,按照小组成员的层次,由低到高的顺序,依次对应试者进行面试。面试的内容依层次各有侧重,低层一般以考查专业及业务知识为主,中层以考查能力为主,高层则实施全面考查与最终把关,实行逐层淘汰筛选,越来越严。应试者要对各层面试的要求做到心中有数,力争每个层次均留下好印象。在低层次面试时,不可轻视大意,不可骄傲马虎;在面对高层次面试时,也不必胆怯拘谨。

3. 非结构化面试与结构化面试

按面试的标准化程度,将面试分为非结构化面试、结构化面试与半结构化面试。

1) 非结构化面试

非结构化面试是指在面试中事先没有固定框架结构(指没有预先确定测评要素等),也不对被试使用有确定答案的固定问题的一种面试。

在非结构化的面试条件下,面试的组织非常"随意"。关于面试过程的把握、面试中要提出的问题、面试的评分角度与面试结果的处理办法等,主考官事前都没有精心准备与系统设计。

非结构化面试颇类似于人们日常非正式的交谈。除非面试主考官的个人素质极高,否则很难保证非结构化面试的效果。目前,真正非结构化的面试越来越少。

2）结构化面试

正规的面试一般都为结构化面试。结构化面试又叫模式化面试。在这种面试中，事先准备好一份问题的清单，这些问题系统全面地概括了所要了解的情况，面试严格按该清单上所列的问题循序发问，然后按标准格式记下应聘者的回答。

所谓结构化，包括三个方面的含义。一是面试过程把握（面试程序）的结构化。在面试的起始阶段、核心阶段、收尾阶段，主考官要做些什么、注意什么、要达到什么目的，事前都要相应策划。二是面试试题的结构化。在面试过程中，主考官要考查应试者哪些方面的素质，围绕这些考查角度主要提哪些问题？在什么时候提出？怎样提？在面试前都要作出准备。三是面试结果评判的结构化。从哪些角度来评判应试者的面试表现、等级如何区分、甚至如何打分等，在面试前都会有相应规定，并在众考官间统一尺度。

3）半结构化面试

半结构化面试是介于结构化面试与非结构化面试两者之间，事先只是大致规定面试的内容、方式、程序等，允许主考官在具体操作过程中根据实际情况做些调整。

4. 常规面试与情景面试

所谓常规面试，就是我们日常见到的主考官和应试者面对面以问答形式为主的面试。在这种面试条件下，主考官处于积极主动的位置，应试者应是被动应答的姿态。主考官提出问题，应试者根据主考官的提问作出回答，展示自己的知识、能力和经验。主考官根据应试者对问题的回答以及应试者的仪表仪态、身体语言、在面试过程中的情绪反应等对应试者的综合素质状况作出评价。

情景面试中，突破了常规面试主考官和应试者那种一问一答的模式，引入了无领导小组讨论、公文处理、角色扮演、演讲、答辩、案例分析等人员甄选中的情景模拟方法。情景面试是面试形式发展的新趋势。在这种面试形式下，面试的具体方式灵活多样，面试的模拟性、逼真性强，应试者的才华能得到更充分、更全面的展现，主考官对应试者的素质也能作出更全面、更深入、更准确的评价。

在实际操作过程中，不同的招考部门会根据自己的需求选择适当的组合形式。

5.3 面试过程

面试的方式主要有两种：一是没有预先计划、"自然发展"的；二是有周详程序的。没有预先计划的面试即是"自然发展"的，主试者看应试者的反应和表现来发问，如果是由多位主试者主持，则谁都有可能询问任何事项。这种事情通常是主试者比较有经验，或该机构习惯如此；有时由人事经理或雇主亲自主持面试，也会选择这种方式。有周详计划的面试通常分为5个阶段。

5.3.1 热身

面试可能是主试者与应试者初次见面,所以面试的开始通常围绕一般性社交话题,问题多为友善、客套;比较随便的,目的在于打破隔膜,使应试者消除紧张等。此部分通常只有主席发言,介绍其他主试者姓名身份,然后开始发问,最普通的话题可能是:
- 我们单位所在的地方难不难找?(如果此处地址在较偏远处)
- 你从事××行业已经多年,必定很有经验吧?(如属转工者)
- 你是否不打算继续升学,开始工作?
- 你父亲从事什么行业?(如属刚毕业离校者)

5.3.2 查明背景资料

这阶段的问题主要围绕应试者所填报的各项资料。这类问题往往是短而直接的,但倘若事前没有好好准备,则可能会变成枯燥的资料提供,使交谈无法进行下去。而且有不少问题看上去似乎简单,但实际上不容易应付。那些刚踏出校门的求职人尤其特别留意这方面的问题。

以下常见的问题便不容易应付:
- 请用三分钟时间作一自我介绍。
- 可否略略介绍你的家庭人员?
- 为什么你的数学(或语文)成绩不够理想?
- 你曾经到过的地方,哪些最令你难忘?
- 你为什么时常换职业?
- 你有什么工余/课余活动?
- 在简历表中,你提到喜欢阅读,可否介绍一两本你欣赏的书籍/杂志?

5.3.3 进入正题

这阶段主要表现在应试者对雇主机构的业务范围、岗位结构、工作方针、发展方向、政策,以及对所申请职位的认识(如工作性质、内容及职业范围)等。目的在于判断这个人对该职业的兴趣及诚意。

以下是一些常见的例子:
- 你有没有看过我们单位出版的年报?对我们去年的业绩有什么意见?
- 你对这个行业的看法如何?
- 照你看,我们单位最大的劲敌是谁?
- 你能否简略说明我们单位的业务范围?
- 你认为我们应该致力于发展什么系列产品?你是否认为这些产品在市场上仍有竞争能力?
- 你为什么对我们这家机构有特别兴趣?(或)你为什么希望加入我们的机构做事?

- 你对我们现在空缺的职位了解有多深？
- 你认为什么人才适合担任这工作？他应具备哪些资历及条件？
- 依你的看法，这个职位最主要的责任是什么？
- 如果我们决定聘用你，你会对我们的机构有什么贡献？

这些问题如果想答好，应试者需要多做准备工作。例如，预先翻阅有关申请行业、机构及职位的资料是不可缺少的工作。试想，如果被问及"你为什么加入我们单位"时，答案只是"因为你们的机构有规模，名气大……"等之言，却未能进一步提供机构有关资料，一定更难令雇主相信你对他们机构有兴趣和诚意。确定应试者对机构及职位的兴趣是大多数的雇主关心的问题，如果谁在面试时这部分问题应付不当，被雇主考虑录用的可能性便会大打折扣。

5.3.4 评审应试者是否适合

这个阶段是整个面试过程中的最高潮，并具有决定性的影响力。雇主一般从以下几个方面评判应试者是否适合：

- 应试者的学历/资历；
- 应试者是否具备所需的技巧/知识等；
- 应试者是否有同一行业的工作经验；
- 应试者的个性能否适合工作需要；
- 应试者以往的工作表现及推荐者的评语。

这个阶段问题所涉范围广、不易预料，而不同的雇主亦因其阅历、背景不同而自有一套评选的方法，挑选适合自己心意的申请人。当然，"合心意"也包括双方交谈时投契，对事情的看法有没有共鸣。这部分的问题大致归入以下几方面：

- 应试者说明为何自己适合某职位；
- 假设性的问题；
- 一般时事性的问题；
- 兴趣与活动的问题。

5.3.5 讨论聘用条件

按照一般的招聘程序，面试者在对求职者的能力、个性、工作态度等有了一个初步印象之后，会主动向求职者介绍公司的薪酬、福利待遇等情况，然后问求职者："你认为如何？"这时，求职者可以很自然地将自己的要求提出来。另一些招聘单位在面试时会直接问："你期望的薪酬大约是多少？"

薪酬问题是面试中一个十分重要和敏感的问题，也是面试双方必然会谈及的一个问题。受中国传统观念的影响，过去人们在谈及这个问题时都有些欲说还休，羞于启齿。随着人才和劳动力交流的日益市场化和普遍化，人们能够越来越坦然和直截了当地谈论薪酬问题了。

从本质上说，讨论薪酬是人才供求双方的讨价还价，但与商品买卖过程中赤裸裸的讨价还价有所不同。特别是对求职者来说，如何把握分寸和技巧，对求职的成功与否有着非常大的影响。理想的薪酬数，应该是用人单位和求职者双方都能够接受的。

此外，还应结合招聘单位的具体情况、行业地域差异、供需状况等以及你的个人实际能力等多方面因素。如果应届毕业生是在平均薪资水平排在前几位的深圳、广州、上海、北京等城市找工作，那么对于相同行业、相同职务的其他城市来说，就可以提出相对高一些的薪水要求。一般来说，IT、电信、医疗、金融、保险、证券、投资、咨询、广告、公关、律师、会计师等行业的薪资水平相对来说排名靠前。所以在同一个城市，如果应届毕业生是从事上述的行业，薪资要价就应比从事其他行业的高。

案例讨论

一段精彩的面试

柴弘是一位管理专业本科毕业生，当初刚刚毕业，选择了一家不大的公司就职，因为专业比较对路，所以在公司中做起事来比较得心应手。但柴弘并不甘心做小池塘里的大鱼，两年后，她选择了辞职，找到了另一家她认为可以充分发展的公司，但她也深知进入此家名牌电器公司并不是很容易的事情，所以她了解面试这一关非常重要，于是她精心做了准备。面试的那一天，尽管主考官问题苛刻，而且样式多变，但是柴弘仍然轻松应答，终令主考官刮目相看。下面是面试那天柴弘和主考官的对话。

主考官（以下简称主）：你好，感觉怎么样？

柴弘（以下简称柴）：很好，非常不错。

主：那很好，我们可以开始了，请问你为什么选择目前这份工作？

柴：我认为，我之所以选择这份工作，主要有以下三条原因：首先，我认为从我个人出发，这个职业很适合我的性格，我是对这份工作很感兴趣的，适合自己的东西则意味着成功的一半；其次，由于我对此份工作如此感兴趣，则一定会努力去做，那么我相信带来的结果一定是增强公司的业绩，效果是积极的；最后，我在此岗位上努力工作也会很好地实现我的人生价值，我又何乐而不为呢？

主：那么你想从这一职位中得到什么？

柴：其实这个问题我刚才已经回答了，我既想运用自己的技能为公司谋求发展，又可以给自己创造一个进步的机会。

主：如果我们今天录用你，你首先想要完成的是什么？

柴：我在这次面试之前已经对公司有了一些了解，我发现贵公司高级管理层的主管人员和辅助人员的分工好像不是很明确，这样可能会导致贵公司的管理障碍，如命令的重复执行等，这必将导致公司的效率下降。对于贵公司这样一个庞大的机构来说，1%效率的下降带来的都将是严重的后果，因此我将着力于管理层人员的职务明确上，相信我可以很快发现并解决问题。

主：你能在压力下工作吗？

柴：当然可以。大学时期我在学生会繁忙的工作和学习繁重的压力下仍有条不紊地工作学习并能取得良好成绩就是最好的证明。

主：请问你找工作有多久了？

柴：刚刚开始找。

主：你的数学成绩并不是很好，为什么？

柴：坦白地说，我在上学的时候逻辑思维并不是很好，这可能就影响到了我的数学成绩，但我在后来的一段时间里努力弥补数学能力的欠缺，并由此增强了我的逻辑思维能力，并且提高了我的经济分析能力，这在我的毕业论文中您可以看到，可以说我反而学到了很多东西。

主：在过去的这些年中，你做过的工作为什么这样少？

柴：其实我认为在一个工作岗位上工作的时间长，经验就会非常丰富，如果经常改换工作的话，可能就不会积累下丰富的经验了。

主：你打算长期从事这项工作吗？

柴：当然，这里有我钟爱的职业、广阔的发展空间，我要在这里发展自己的事业。

主：问一个题外话吧，我们轻松一下，你喜欢看哪类电视节目？

柴：我比较喜欢一些文艺类、时事类的节目来为自己放松一下，但我想并不仅是完全的放松，我还可以从中学到不少知识，我想适当的电视节目对于开阔眼界是有帮助的。

主：谈谈你的缺点吧。

柴：我的缺点嘛，可能就是做事过于认真，有时这会给我带来些麻烦的。

主：一旦你被录用，你如何规划你的职业前景？

柴：我想我会和公司的目标一致，并且为此提高我的技能。

主：很好，柴弘小姐，今天的面试就到这里，我们会在一周内通知你面试结果。

资料来源：https://max.book118.com/html/2017/0610/113253813.shtm

[讨论题]

（1）请分析主考官的提问，提问的逻辑思路是怎样的？主要测试了应聘人的哪些素质？问题是否还存在不足？应该如何改善？

（2）请说出主考官的提问有哪些类型？并回忆一下不同类型问题的适用范围和优缺点。

（3）请分析一下应聘人的回答，如果你是应聘人，你会如何作答？

实训活动

实训项目5 面试模拟

【实训内容】

根据实际面试要求设计面试程序及相应的问题、表格并能在课堂上模拟，加深了解求职招聘中的求职礼仪。

【实训设施】

人员素质测评实训室；电脑及投影设备（用于播放演示文稿和视频）。

【实训项目 5-1】面试模拟

（1）根据每组所讨论的职业（或职位）设计面试问题；

（2）设计面试程序、面试评分表格和评分标准；

（3）从班级中选择 6 名学员，扮演应聘者；选择 6 名学员，扮演考官；选择两名学员，扮演采访记者；其余学员，扮演观察者。

（4）考官要根据评价表评价；

（5）要求考官及观察者发表感想；

（6）会后要求记者对学员随机采访。

（7）教师实训点评。

【实训项目 5-2】应聘大学生礼仪展示

（1）每小组抽签选题目，然后小组进行讨论，认真筹划，共同完成所分配任务，每小组 4～6 人。

（2）电话礼仪，通过演讲以及模拟情景向大家展示电话礼仪，小组成员共同完成。

（3）求职面试礼仪，通过情景剧向大家展示求职，小组成员共同完成。

（4）求职着装礼仪，通过演讲以及模拟情景向大家展示电话礼仪，小组成员共同完成。

（5）教师实训点评。

自测练习题

一、单项选择

1. 在面试开始时，下列话题比较适宜的是（   ）。
   A. "我们这次只招 1 人，报名的有 1 000 多人，你要有心理准备。"
   B. "你什么时候到的？家离这儿远吗？是怎么来的？"
   C. "好啦，我们开始面试吧，第一个问题……"
   D. "你的衣服看上去太脏了，穿了多长时间？"

2. 面试提问时，对问题描述的时间最好不要超过（   ）。
   A. 1 分钟   B. 2 分钟   C. 3 分钟   D. 4 分钟

3. 当被测试者因为刚回答的一个问题没答好而情绪低落时，下面的话比较适宜的是（   ）。
   A. "这么简单的问题都答不好，后面的题更答不出来了。"
   B. "别失败，小心点。"
   C. "我觉得你的实力可能不止于此，要争取把潜力发挥出来。"
   D. "你可以走了，下一个快来。"

4. 孔子说："吾以言取人，失之宰予；以貌取人，失之子羽。"这说明，当时孔子面试的项目是（   ）。

A. 性格与人品 B. 积极性与适应性
C. 言谈与相貌 D. 责任心与自信心
5. 素质可以同时通过言辞、声音和体态语来体现,言辞约占传递信息的（　　）。
 A. 7%　　　　B. 17%　　　　C. 27%　　　　D. 37%
6. 面试时,一般不要提令考生难堪的问题。但是,有一种除外,它是（　　）。
 A. 压力面试　　B. 逐步面试　　C. 结构面试　　D. 小组面试
7. 在所有的测评方式中,信息量最多、利用率最高的是（　　）。
 A. 心理测试　　B. 笔试　　C. 智力测验　　D. 面试
8. 评委们逐个向考生提问,说明面试具有（　　）的特点。
 A. 对象的单一性 B. 内容的灵活性
 C. 信息的复合性 D. 交流的直接互动性
9. 事先给应试者制造一个紧张的气氛,使被试者一进门便处于恐怖气氛中,接着主试人穷追不舍地寻究问底,不但问得切中要害而且常常把应试者置于进退两难的境地,直至应试者无法回答为止。这是面试的（　　）类型。
 A. 压力面试　　B. 结构化面试　　C. 半结构化面试　　D. 依序面试

二、多项选择题

1. 以下属于体态语的是（　　）。
 A. 人际距离　　B. 面部表情　　C. 手势和运动　　D. 语言
 E. 左顾右盼
2. 面试时,表明应试者心情紧张的表现有（　　）。
 A. 面部涨得通红 B. 鼻尖出汗
 C. 双脚自然平放 D. 目光不敢与主考官对视
 E. 面部表情自然大方

三、简答题

1. 什么是面试?和其他素质测评相比较有哪些特点?
2. 面试为什么能够成为人员素质测评的有效工具?其理论依据是什么?
3. 面试与其他素质测评形式相比,其独特功用是什么?试举例说明。
4. 面试的主要内容包括哪几个方面?为什么主要局限于这几个方面?
5. 面试的主要题型有哪些?试举例说明。
6. 面试的种类有哪些?试举例说明。
7. 面试的过程分为哪几个阶段?每一阶段的主要内容是什么?

四、面试运用题

以下是某外资饭店招聘总经理助理的面试提问单。请从人力资源管理者的角度,说明每个问题主要测试被试者哪方面的素质（每个问题至多说明两项要素）。

1. 你了解一般饭店有些什么部门吗?职能是什么?相互之间关系如何?

2. 请谈谈你现在的工作情况，包括工作内容、待遇、工作满意度等。

3. 假如你作为一名领导，当手下几名职员表现较差，犯了错误，你要用什么方式来处理？

4. 假如你是个设备较好但地理位置略为偏僻的新开歌舞厅经理，你打算怎样招揽顾客？

5. 一个单位往往有一些人由于性格、爱好等原因形成一个个"小圈子"，你认为这种"小圈子"对正常的工作有影响吗？如果有，是些什么影响？

6. 假如你是某国有企业一个管理部门的负责人，如果上级拨给的管理活动费足够多，以至每年都有节余，因此你手下的人员在出外办事、公关活动方面的花销常常超过规定，但对你所在的部门并无直接的影响；有人又建议利用多余经费在部门内常办些联谊、联欢活动，以增进内部联系，你对此有何看法？

7. 假如你是饭店总经理助理，一旦饭店发生了紧急意外事件，如发生火灾，你最先做什么？在救火中，你认为最好扮演一个什么样的角色？

8. 假如你是饭店总经理助理。某天，你接待的来自德国某饭店的业务人员中，有一位要和本饭店协商某些联营业务，以扩大各自在对方所在国的影响，但此时总经理正在美国考察。你深知此事重大，如等总经理回来处理，势必影响饭店业务。如你自己处理，但又不在你职权范围之内，且处理不好还要承担责任。请问：你应该怎样办才能妥善解决这一问题？

9. 假如你已是总经理助理，你得知，新调进的餐饮部经理很有作为，使该部利润直线上升，但与原来长期在此工作的该部副经理之间颇有一些个人矛盾，而这位副经理业务也相当娴熟。你作为总经理助理，该做些什么？

10. 假如你是一个部门经理，当总经理交给你一项重要任务时，你喜欢化整为零指派给各个下级去干，自己来纠正他们的错误，归纳、总结工作得失，还是喜欢为了从头至尾使目标、方针和手段统一、高效而自己包揽大部分的工作？

11. 假设本市将于后年举办亚运会，作为一个酒店的经理助理，你首先想到的是什么？

12. 你是否喜欢偶尔夸耀一下自己取得的成就？

13. 假如你的上级是位略有些专横的人，你是否愿意向他提一些合理化建议？

14. 假如你今天遇到不顺心的事，心情十分郁闷。现在得知晚上你一个朋友将组织一个生日晚会，不知什么原因，他并未通知你，你准备怎么办？（请从下列备选答案中选择一项）

   A. 打电话问朋友，主动提出要求参加晚会
   B. 怀疑自己是不是哪里得罪他了，向另外的朋友打听他为什么不请自己
   C. 什么都不干，自己烦着呢
   D. 自己去看电影、唱卡拉OK、喝酒

15. 你有个同学参加工作后，因有弟妹，常需把每月收入的1/3～1/2寄回去，无法存钱结婚，深为女友抱怨，因而处境尴尬。你如何宽慰他？（请从下列备选答案中选择一项）

A. 照常寄钱回去，有一得必有一失

B. 劝他多向女友说明，争取谅解

C. 不寄或少寄一点，有一失必有一得

D. 没办法，向人别借钱吧

16. 在会议上你本来想说的一些自认为突出的观点，被别人抢先说了，你会怎么办？

17. 请你说出一只蚊子和一条蛇的相似之处，越多越好。

18. 什么时候你最容易被激怒？

19. 你的人生信条、座右铭是什么？

20. 中国加入世界贸易组织与饭店有什么关系？

学习资料1

面试常见问题

整个面试过程中，求职者觉得最困难的往往是如何回答主考官的问题。求职者其实不需要过分紧张，只要面试前能好好准备，加上临场表现镇定，你一定能够轻松过关。以下是一些常见的问题。

（一）性格、工作期望和理想

1. 请简单介绍你自己。
2. 你会怎样形容自己的性格和倾向？
3. 你有什么兴趣和嗜好？
4. 你通常与哪类人相处得最融洽？为什么？
5. 你认为哪类人最难相处？你会以何种态度去面对他们？
6. 你会在哪种工作环境中工作得最称心满意？
7. 你已为自己定下什么人生目标了吗？
8. 你认为哪些因素对选择工作是最重要的？
9. 你期望五年后你的事业会有什么发展？
10. 你对你的事业有什么长远的计划？你打算怎样去实现理想？
11. 你认为怎样才算事业成功？
12. 你怎样处理曾经遇到的困难呢？
13. 你是否是一个有野心的人呢？

【重要提示】

1. 第1条至第5条问题能让雇主了解你是否能与公司其他同事合得来。

2. 第6条~第13条问题能让雇主了解你是否与公司抱有相同的理念，所以你应事前多搜集有关公司的背景资料。例如，所提供的产品/服务、公司的未来发展动向等。

（二）学校生活及升学计划

1. 你在学校最喜欢/不喜欢哪一科？为什么？

2. 你认为考试成绩能否反映你的智力和能力？
3. 你多年的学校生活里，有难忘的经历吗？
4. 你参与课外活动学到了什么？
5. 你有没有打算继续深造？

【重要提示】

1. 以上问题能够让雇主了解你的学习生活，看看你在课堂及课余活动里吸收到哪些与工作有关的技能。

2. 第一类别（关于性格、工作期望和理想）与第二类别（关于学校生活和升学计划）的问题互相联系，所以面试前应仔细思考答案，避免前后矛盾。

（三）申请职位和机构

1. 你为什么申请这个职位？
2. 你为什么想加入本公司工作？
3. 你对本公司有什么认识？
4. 这份工作有什么职责？哪一方面最吸引你？
5. 你觉得自己最大的优点和缺点在哪些方面？与你现在申请的工作可有关系？
6. 假如你被录用，你能够对公司做出什么贡献？
7. 你为什么相信自己适合做这份工作？
8. 你有什么资历或经验会对担任这份工作有帮助？
9. 你认为需要什么条件才能在本公司成功发展？
10. 你还申请了什么职位？若你同时被多家公司录用，你会怎样选择？
11. 你介意外出工作或者到外地工作吗？
12. 有需要的话，你可否超时或不定时工作？

【重要提示】

1. 公司用什么准则去判断你是否有诚意去应聘呢？若你在面试时，对公司或行业的资料完全不熟悉，又如何能说服雇主聘用你呢？

2. 优点和缺点往往是观点与角度的问题，提出你的缺点时，你可以以它们的正面之处作补充。

（四）工作经验

1. 你有什么工作经验？
2. 请简单描述你上一份工作的职责及工作范围。
3. 在以前的工作中，你学到些什么？
4. 在以前的工作中，你最喜欢及最不喜欢的各是什么？
5. 请你说出一件在以往工作中遇到最难处理的事情。
6. 你申请的职位和你以前的工作不大相同，你为什么认为你能够应付新工作？
7. 你已经多次换工作了，可否谈谈其中原因？
8. 你是怎样和同事相处呢？有否不愉快的经验？

9. 你失业/毕业已有一段时间，为什么仍然找不到工作？
10. 你为什么要换工作？

【重要提示】
　　主考官希望从你以前的工作经验去衡量你是否是合适的人选，你应强调如何把以前工作所积累的经验或所学的东西运用在这份工作上。若问题涉及你对以前公司的意见，你不应抱着批评的心态去作答，这是不成熟的做法。

（五）工作技能及语言能力
1. 你有否参加过任何专业考试？成绩如何？
2. 你会操作计算机吗？你会运用哪些软件？
3. 你能说普通话吗？可否用普通话作自我介绍？
4. Please briefly introduce yourself.（in English）
5. 你懂得其他语言或方言吗？
6. 你有否参加过任何与这职位有关的训练课程？

【重要提示】
　　主考官必须知道你是否拥有相关的技能和知识，以评估你能否胜任将来的工作。你必须如实作答，切忌夸张失实。你可简要介绍你在哪里学到有关技能及是否在工作中应用过。

（六）假设性问题
1. 假如有顾客不满你的服务，说要投诉你，你会如何处理？
2. 假如由于你犯错而令应到货物未能准时运送给顾客，但你的上司并不知情，你会怎样处理？

【重要提示】
　　主考官会利用这类型的题目，去评估你的应变能力和反应；而这类问题大部分都会与工作处境有关，你必须保持镇定，思考清楚才作答，但不要有太多停顿的时间。

（七）其他
1. 你何时可以上班？
2. 你期望得到多少薪酬？

（八）向主考人发问的问题
1. 与该职位有关的问题。例如，对于担任此职位的员工，公司有什么期望和要求呢？（显示你对该职位的兴趣及诚意）
2. 与该机构有关的问题。例如，未来几年，公司会有什么新的发展计划？（显示你对该公司的兴趣，你亦可从中了解更多有关该公司的发展潜力、未来发展方向等资料，以决定该公司是否适合自己。）
3. 公司对进修的看法。例如，公司对于员工在工余时间进修有什么意见？（表示你有兴趣进修及在该行业发展。）

【重要提示】

这是你表现自己的最后机会。你应该借此机会弥补之前的失误和表现你的诚意。你亦应趁机增加对公司及工作的了解，在考虑聘用时作为参考。

不要急着提出薪酬问题，最好让主考人先提出，以免给人一种斤斤计较的感觉。对薪酬数字可先作调查和自定底线，但除了金钱外，还应考虑其他因素，如员工福利、假期、晋升机会等。

面谈记录表

姓名			应试项目		
用表提要	请主持面谈人员，在适当之格内画"√"，无法判断时，请免打"√"。				
评分项目	配分				
	5	4	3	2	1
仪容 礼貌 精神 态度 整洁 衣着	极佳	佳	平实	略差	极差
体格、健康	极佳	佳	普通	稍差	极差
领悟、反应	特强	优秀	平平	稍慢	极劣
对其工作各方面及 有关事项的了解	充分了解	很了解	尚了解	部分了解	极少了解
所具经历与 本公司的配合程度	极配合	配合	尚配合	未尽配合	未能配合
前来本公司 服务的意志	极坚定	坚定	普通	犹疑	极低
外文能力	区分	极佳	好	平平	略通	不懂
	英文					
	日文					
总评	• 拟予试用面谈人： • 列入考虑 • 不予考虑				

日期： 年 月 日

面谈考评表

考评项目	评定尺度	计 分	备 考
仪容、态度	14　12　10　8　6		
一般常识	14　12　10　8　6		
专业常识	14　12　10　8　6		
创造、创新力	14　12　10　8　6		
诚实、协调	14　12　10　8　6		
领导能力	14　12　10　8　6		
表达力	14　12　10　8　6		
人品、性格	14　12　10　8　6		
总计	14　12　10　8　6		
综合评语	评语分为A、B、C三等，每等又可以分为上、下两级		0～64→C 65～95→B 96～112→A

第6章

心理测验

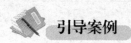 引导案例

纽约联合印刷公司的"择人之道"

纽约联合印刷公司的销售经理皮尔森先生，此时正在审核瑞·约翰逊先生的档案材料，这位约翰逊先生申请担任地区销售代表的职务。联合印刷公司是同行业中最大的厂家，经营印刷初级教育直至大学教育的教材用书，系列、完整的商贸性出版物，以及其他非教育类的出版物。该公司目前正考虑让约翰逊手下的销售成员同大学教授们打交道。约翰逊是由杰丽·纽菲尔德介绍给这家公司的，而纽菲尔德是眼下公司负责西部地区的销售商中工作非常成功的一位。虽然他到公司仅两年，但他的工作表现已清楚地表明其前途无量。在他到公司的短时期内，就将自己负责区域内的销售额增加了三倍，他与约翰逊从少年时代就是好朋友，而且一起就读于伊利诺伊州州立大学。

从档案上看，这位约翰逊先生似乎是一个爱瞎折腾的人。很明显的一点是在其大学毕业后的10年内，他没有一份固定的工作。在其工作中，持续时间最长的是在芝加哥做了8个月的招待员。他在Riviera待了两年，所做的一切仅够维持生活，而今他刚回来。由于没有足够的钞票，所以不管在哪儿，他都想方设法谋生，既然他以往是这种情况，在多数情况下公司就会自动取消考虑他的资格。但皮尔森先生还是决定对约翰逊的申请给予进一步考虑。这主要是因为公司的一个主要销售商力荐他，尽管这个人很清楚约翰逊的既往。皮尔森先生在亚利桑那州的菲尼克斯花了两天时间，同纽菲尔德及其一位朋友——顾问，一道会见了约翰逊先生。三人一致认为问题关键在于：约翰逊先生能否安顿下来，为生活而认真工作。

约翰逊对这个问题抱诚恳的态度，并承认自己没料到会有这种答复，他清楚自己以前的工作情况，可他似乎又觉得会得到这份预想的工作。约翰逊先生似乎有优越的素质来胜任，他的父母是东部一所具有相当规模的大学教授，他在学术氛围中成长起来，因而充分地了解向教授们推销教材过程中所需解决的各种问题。他是一个有能力、知进取的人。在会见后，皮尔森先生和顾问都认为，如果他能安顿下来投入工作，他会成为一

名杰出的销售人员。但是两人也意识到还有危险存在：约翰逊先生可能会再次变得不耐烦而放弃这个工作去某个更好的地方。不过，皮尔森决定暂时雇用约翰逊。

公司挑选程序的一部分——要求在对人员最后雇用之前对每一位应聘者进行一系列心理测试。一些测试表明：约翰逊先生充满智慧且具有相当熟练的社会技能。然而，其余几项关于个性和兴趣的测试，则呈现出了令公司难以接受的一个侧面。

测试报告说，约翰逊先生有高度的个人创造力，这将使他不可能接受权威，不可能安顿下来投入一个大的部门所要求的工作中去。关于他的个性评估了许多，但是所有一切都归于一个事实：他不是公司想雇用的那类人。依据测试结果，皮尔森先生还拿不定主意是否向总裁建议公司雇用约翰逊先生。

资料来源：http://www.yuloo.com/mba/2012/915389.shtml.

【思考题】
(1) 是否可录用约翰逊先生？皮尔森先生将建议什么？
(2) 假如皮尔森雇了约翰逊先生，那么你认为约翰逊先生会不会"这山盼着那山高"，在这家公司干一段时间后再又跳槽？

6.1 心理测验概述

什么是心理测验呢？简单地说，心理测验是心理测量的一种具体形式。

6.1.1 心理测验的定义

心理测验就是通过观察个体的少数有代表性的行为，对于贯穿在个体行为活动中的心理特征，依据确定的原则进行数量化分析的一种科学手段。这一程序在测量内容、实施过程和计分三个方面都具有系统性，测量结果具有统一性和客观性。

一般地说，在长度、时间、重量之类的物理测量中，对测量结果的描述几乎是没有争议的。这是因为它们是直接测量的，它们的操作方法或规则（法则）已经被人们所接受。而作为大脑的产物——心理现象来说，就不能直接测量，但是人的心理必定会在人的具体活动和行为中有所表现，倘若对智力或人格特征这些测量对象有着明确的操作定义，便可根据它寻找一组作业或刺激（实际上就是一组测题或问卷）用以引起被试的行为，而从中推论出其智慧能力或个性特征。例如，要测量智力，便得首先弄清楚"智力是什么""哪些活动是智力活动"，而后才能定出一组作业，让被试对此作出反应，借以得到他完成这组作业的成绩，而此成绩就是他的智慧效率。然后就由直接测得的智慧效率推测他的智力。由此可见，心理测量是间接的测量。

这里讲的测验是标准化测验，标准化测验要具备下列条件。
(1) 给所有被试实施有代表性的相同的一组测题，为他们的作业取得直接比较的基础。
(2) 实施测验的程度（包括测验指导语、测验时间限制、测验情境等）要有详细的规定，以保证每一被试有相同的测验条件。
(3) 计分方法要有详细的规定，使评分误差极低。

上述三点与得分的步骤有关。

（4）要建立常模。常模（标准化样的平均数）给测验分数提供参照点。这样，一个测验就能作为测量人的某种心理特性（智力、能力倾向、人格特征、学业成绩等）的工具。

6.1.2 心理测验的种类和功能

标准化测验可以按不同的分类标准加以分类。

1. 根据测量的对象分类

1）智力测验

目的在于测量智力的高低。一个人的智力水平用智商（IQ）表示。

智力测验是衡量智力高低的参考，它对于管理中估价一个人的能力水平，给以安排恰当的工作有重要的作用。例如，某项工作要求智商120，那么，智商低于或高于它的人都要用人部门慎重考虑。前者会由于能力低而无法胜任；后者则可能由于智商超出该项工作性质要求而不安于现状，甚至轻视这项工作，造成不良后果。因此，人事部门在选用和安排人才时，应当尽可能做到每个人的智力水平与其工作性质相适应。

2）能力倾向测验（又称性向测验）

目的在于发现被试的潜在才能，深入了解其长处和发展倾向。能力倾向测验一般可以分为以下两类。

① 一般能力倾向测验，测量一个人的多方面的特殊潜能。例如，区分能力倾向测验，它可以预测一个人哪一方面潜在能力较强或较弱，多用于选择人才和就业指导。

② 特殊能力倾向测验。偏重测量个人的特殊潜在能力，如音乐能力倾向测验、机械能力倾向测验。

3）成绩测验

测量一个人经教育训练后的学业成绩，又称成就测验。它可分为科学测验和综合测验。前者测量学生某学科的知识、技能；后者测量学生各学科的知识、技能。成绩测验同能力倾向测验的区别在于，前者是测量在工作中所具有的实际能力；后者是心理指标，测量在未来工作中的胜任能力。

4）人格测验（又称个性测验）

测量情绪、需要、动机、兴趣、态度、性格、气质等方面的心理指标。

2. 根据测验的人数分类

1）个别测验

它只能由同一个主试在同一时间内测量一个人。个别测验的优点是主试对被试的言语、情绪状态有仔细的观察，并且有充分的机会与被试合作；唤起被试最大努力，以保证其结果正确可靠。个别测验的缺点在于：时间不经济，测验的手续复杂，需要训练有素者方能胜任。

2）团体测验

可由一位主试同时测量若干人。各种教育测验都是团体测验，一部分智力测验也是团体测验。它的优点是时间经济，主试不必接受严格的专业训练即可担任。它的缺点在于对被试的行为不能作切实的控制，所得的结果不及个别测验准确可靠。

3. 根据测验材料分类

1）语言或文字测验

它可以测量人类高层次的心理功能，编制和实施都较容易。人类的心智能力不能完全以图形或实物测量出来，所以语言或文字测验应用范围较广，团体测验多数采用它。然而它不能应用于语言有困难的人，而且难以比较语言、文化背景不同的被试。

2）非文字测验或操作性测验

以图画、仪器、模型、工具、实物为测验材料，被试按要求进行相应的操作。它的长处和短处，正好与语言或文字测验相反。

4. 根据测验的功用分类

1）预测测验和成就测验

预测测验用于推测某人在某方面未来成功的可能性，智力测验、能力倾向测验就属于此类。它多数根据作业分析的结果来选择测验材料。成就测验在于考查被试在某方面目前的成绩，如一般教育测验，因此它所测量的是学生现在的成绩，它往往是根据作业样本来选择测验材料。

2）难度测验和速度测验

难度测验的功用在于测量被试某一心理特征的程度高低。它的时间限制的标准通常是使95%的被试都有做完测验的机会。测量由易到难排列，以测量被试解决难题的最高能力。速度测验在于测量被试作业的快慢，它的测题难度相等，但严格限制时间，看规定时间内所完成的测量数量。

3）普通测验与诊断测验

普通测验在于考查一个人或一个团体在某些心理品质方面的分布情况；诊断测验则进一步去诊断被试某方面的特殊优点和缺点。

6.1.3 心理测验在人员素质测评中的应用

由于现代人事管理的目的就是追求人与事的有效配合，追求使用科学方法甄选适当的人才，以提高工作效率；同时由于心理科学的发展，已经能够相当有效地测定人类若干心理素质与工作效率之间的相关，因而目前在国外的人事考核与选拔方面，除了应用档案审查与面谈手段之外，已比较普遍地使用心理测验的技术方法。无论对企业管理人员，还是对机关工作人员的选拔或晋升，往往都必须经过各种心理测验来决定取舍。当然，在国外，人们对心理测验的认识和评价是不一致的。但是，这不能否认心理测验具有一定的科学意义。行为管理学的研究成果证实，由于人与人之间存在个别差异，因此不同的人就会对同一工作有不同的适应性；不同的工作也就自然要求具有不同的个性心理特征的人来承担。在工作性质与人的自然属性及智力发展水平之间存在一种镶嵌现象。每一种工作都有一个能力界限，它只需要恰如其分的某种智力发展水平。一个智力发展水平偏低或智力平庸的人，从事一种复杂或比较精尖的工作任务时，往往会感到自己力不从心，产生焦虑心理，严重的还会由于团体压力而出现心理障碍或人格异常。因此，通过心理测验来区别人们心理特征与智力结构水平的高低，并根据人们智力发展水平来分配不同的工作，能够真正做到人尽其才，才尽其用。由此看来，心理测验完全可以配合其他考试评价方法，从不同角度去考核人才心理素质结构的不同侧面。诚然，作为完善的人才选拔考核方法还有待于多种方法的综合运用。

6.2 智力测验

6.2.1 智力的定义及其计量

1. 智力的定义

智力是指人认识世界并运用知识解决实际问题的起基础作用或保障作用的能力总和，包括观察能力、记忆能力、注意能力、思维能力等各个方面。

韦克斯勒认为："智力是个人有目的地行动、理智地思考以及有效地应付环境的整体的或综合的能力。"

美国心理学家吉尔福特于1967年创立了智力的三维结构模型，认为智力结构应从操作、内容、产物三个维度去考虑。智力活动就是人在头脑里加工（即操作过程）客观对象（即内容），产生知识（即产物）的过程。智力的操作过程包括认知、记忆、发散思维、聚合思维、评价5个因素；智力加工的内容包括图形（具体事物的形象）、符号（由字母、数字和其他记号组成的事物）、语义（词、句的意义及概念）、行为（社会能力），共4个因素；智力加工的产物包括6个因素，即单元、类别、关系、系统、转换、蕴含。这样，智力便由$4 \times 6 \times 5 = 120$种基本能力构成。

2. 智商的计量

1）心理年龄

用心理年龄来衡量智商是由比奈首先提出的。80%～90%的同龄人通过的题目数可以作为达到这一年龄的儿童的智力水平的标准，这一水平即智力年龄或心理年龄。

2）比率智商

用比率智商来衡量智商是由特曼提出的，它为不同年龄的人的智力之间的比较提供了方便，某个体的比率智商为：

$$比率智商 = \frac{心理年龄}{实际年龄} \times 100$$

3）离差智商

用离差智商来衡量智商是由韦克斯勒提出的。他认为，如果从人类总体来看，人的智力的测验分数是按正态分布的，且平均数为100，标准差为15。离差智商将个体的智力放在其同龄人中的相对位置来度量，这就解决了比率智商中个体的智商受年龄增长的影响等问题。某一人的离差智商为：

$$离差智商 = 100 + 15 \times (X-M)/S$$

其中，X 为个体的测验分数，M 为团体的平均分数，S 为团体分数的标准差。

4）韦克斯勒智商分布表

韦克斯勒智商分布表如表 6-1 所示。

表 6-1　不同智力的智商与人口分布

智力类型	智商	占人口的百分比
超优	130 以上	2.2%
优秀	120～129	6.7%
中上	110～119	16.1%
中等	90～109	50%
中下	80～89	16.1%
低等边缘	70～79	6.7%
智力缺陷	69 以下	2.2%

6.2.2　智商测量量表的发展

1. 比奈-西蒙量表（B-S 量表）

比奈-西蒙量表于 1905 年首次提出，并于 1908 年和 1911 年两次修订，题目由原来的 30 个增加到 59 个，按年龄分组（由 3 岁到 15 岁），每个年龄组的问题各不相同，由此引出实际年龄与心理年龄的概念。

2. 斯坦福-比奈量表

1916 年，美国斯坦福大学学者特曼对 B-S 量表进行修订，制定了斯坦福-比奈量表，第一次提出了智商的概念，强调用人的心理年龄与实际年龄的比值来度量人的智力水平的高低。斯坦福-比奈量表主要通过语文、数学、图形材料以及动手操作等手段测评被测评者的智力水平。该测评方法是由以年龄组为单位的一系列测量题目组成，可以客观、详细地测评不同年龄组的智力水平，具有测评对象广、简便的特点。如今，斯坦福-比奈量表已经成为世界公认的最为著名的智力测评量表之一。

3. 韦氏量表（WAIS）

韦克斯勒智力量表经过最初的不断修订，形成了三个独立的测验量表：韦氏成人智力量表、韦氏儿童智力量表、韦氏学龄前及小学生智力量表。韦氏成人智力量表的测评较之斯坦福-比奈量表测评的内容更为全面、丰富，可以更好地反映被测评者的智力水平。

6.3 能力倾向测验

6.3.1 能力倾向测验的性质

鉴别能力的测验方法，是伴随着实验心理学而发展起来的。目前，这类方法在国外已被广泛应用于发现人才和员工考核的工作领域。

人的能力倾向是客观存在的，并且总是在一定的质和量的界限中表现出来。因而对于人的能力结构和倾向，不仅可以定性分析，而且可以定量分析。所谓能力倾向，即构成某种知识、技能或一定行为模式的各种个人特质的状态的组合。它是一些对于不同职业的成功，在不同程度上有所贡献的心理因素。其本质可概括为两个方面。

1. 具有预见性或潜在的可能性

即现在的身心状态及诸特性，能作为预见将来的兆候；否则，测验就无价值。

2. 具有稳定性和恒常性

作为能力倾向的身心状态及诸特性必须在较长时期内相对稳定；否则，就无法作为预测未来的依据。

就能力倾向测验的作用来看，是测量被试目前的能力倾向性，由此来推测他们的潜在能力及预测将来经过进一步的训练和实践锻炼后可能取得的成就。所以说，能力倾向测验只能预测一个人将来在某方面的"可能"成就，并不能保证他在某方面的"必然"成就。因为一个人的能力倾向能否获得充分的发展，与他的身体状况、兴趣、爱好、学习态度、工作动机、机会等条件都有关系。

6.3.2 能力倾向测验的设计原则

由于能力倾向是潜在的可能性，所以测验方法必须以基础特性中具有预见性的东西为对象。在测验的设计中，必须选择不产生练习效果的东西作为刺激的课题。因为从对容易受到学习和练习影响的课题的反应中，难以推定出基础的并且具有恒常特性的能力倾向。

在能力倾向测验的设计中，一般遵循如下原则。

（1）在成为能力倾向对象的活动中，把握必要的有本质意义的基础特性（例如，在配置职务时，应进行职务分析）。

(2) 编制问题项目，用以发现这些基础特性在行为中的作用。

(3) 设定与项目相对应的选拔等级或回答范围。

(4) 保证信度和效度。

为了提高信度和效度，所设计的能力倾向各测验必须充分地进行预试。在预试的基础上，不断严密地验证刺激与反应间的函数关系及规律性，即实现标准化过程。应该注意的是，预测的效度不可忽视。既然能力倾向测验是以预测性为基本，那么它的效标必须在将来应得到的现实成果（例如，任职后的工作绩效）中获得。

6.3.3 能力倾向测验的功能

能力倾向测验是为了判定一个人能力倾向的有无和程度。因此，标准化的能力倾向测验，具有两种功能：一是判断一个人具有什么样的能力优势，即所谓的诊断功能；二是测定在所从事的工作中，成功和适应的可能性，包括发展的潜能，即所谓的预测功能。

具体针对人才选拔考试和人事管理工作，能力倾向测验的作用主要体现在3个方面。

(1) 什么样的职业适合于某个人（职业选择和指导）。

(2) 为了胜任某个工作岗位，什么样的人最合适（人员的录用和选择配置）。

(3) 为了使个人适应某个岗位，在工作本身的哪些方面进行改善为好（合适岗位的开发和职务的再设计）。

从能力倾向测验的作用不难看出，尽管这种测验方法在目前尚没有被更多地应用到人才录用考试中，但是有广泛的应用价值。它可以为人才的录用考试实现如下职能。

(1) 在进行人事安排时，可以录用符合条件、具有某种能力的人选，使之人尽其才。

(2) 可以配置与被录用者个性、能力结构相符合的岗位，使之才尽其用。

(3) 根据对在职人员进行的测验，能够诊断一个部门（单位）人才队伍能力结构状况，从而可以有目的地进行能力开发和组织开发。

(4) 测验掌握了报考者的能力特征，可以作为个人职业指导、发展方向指导或人才提拔、晋升的参考依据。

值得指出的是，能力倾向测验不仅对人才录用考试工作提供了帮助，对报考者个人也颇有益处。首先，通过测验可以使报考者获得有关自己能力倾向的客观信息，帮助其正确地理解和认识自身的能力特点以及自己更适合的工作领域。其次，测验结果往往揭示出报考者以前全然不知或没有充分注意到的自己的某些能力倾向。通过测验将有助于促进其本人正确地选择职业，并激发其自我开发的积极动机。

总之，为了迅速而又可靠地选拔适合某种工作的人员，有效地预测他们今后的职业成就，以满足各个部门对工作人员多样化和专业运用要求的能力倾向测验是十分必要的。

6.3.4 能力倾向测验方法举例

1. 普通能力倾向成套测验

能力倾向测验，一般可以分为：职业能力倾向测验，普通能力倾向成套测验，辨别能力倾向测验，管理监督能力倾向测验，音乐、艺术能力倾向测验等。现以普通能力倾向成套测验为例，说明其具体做法。

普通能力倾向成套测验（general aptitude test battery，GATB）最初是美国劳工部从1934年起用了10多年时间研究制定的。它是对许多职业群同时检查各自的不适合者的一种成套测验。由于这套测验在许多国家被广泛使用，因而备受推崇。后来，日本劳动省将GATB进行了日本版的标准化，制定成《一般职业适应性检查》（1969年修订版）。这套测验主要是实现对许多职业领域中工作所必需的几种能力倾向的测定。它由15种测验项目构成，其中11种是纸笔测验，其余4种是操作测验，两种测验可以测定9种能力倾向。这9种能力倾向对完成各种职业的工作都是必要的。9种能力具体如下。

G——智能。指一般学习能力、对各种原理的理解能力、推理判断的能力、迅速适应新环境的能力。

V——言语能力。指理解言语的意义以及与它关联的概念，并有效地掌握它的能力。对言语相互关系及文章和句子意义的理解能力，也包括表达信息和自己想法的能力。

N——数理能力。指在正确快速进行计算的同时，能进行推理，解决应用问题的能力。

Q——书写知觉。指对词、印刷物、各种票类的细微部分正确知觉的能力，能直观地比较辨别词和数字，发现错误或校正的能力。

S——空间判断能力。指对立体图形以及平面图形与立体图形之间关系的理解、判断能力。

P——形状知觉。指对实物或图解的细微部分正确知觉，根据视觉能够对图形的形状和阴影部分的细微差异进行比较辨别的能力。

K——运动协调。指正确而迅速地使眼和手相协调，并迅速完成操作的能力。要求手能跟随着眼对看到的东西正确而迅速地作出反应动作，并进行准确控制的能力。

F——手指灵巧度。指快速而正确地活动手指，用手指很准确地操作细小东西的能力。

M——手腕灵巧度。指随心所欲、灵巧地活动手及手腕的能力。如拿着、放置、调换、翻转物体时手的精巧运动和腕的自由运动能力。

以上9种能力中的每一种能力，都要通过一种测验获得。

这种能力倾向测验，可以说是从个人在完成各种职业所必要的能力中，提炼出各种职业对个人所要求的最有特征的2～3种，其中纸笔测验可集体进行。记分采用标准分数,各能力因素的原始分数转换为标准分数后便可绘制个人能力倾向剖析图,并与职业能力倾向类型相对照,被试就可以从测验结果中知道能够充分发挥个人能力特性的职业活动领域。

2. 职业能力倾向测验

1) 职业能力倾向

职业能力倾向是指经过适当学习或训练后或被置于一定条件下时,能完成某种职业活动的可能性或潜力,职业能力倾向测验可以有效地测量人的某种潜能,从而预测人在一定职业领域中成功的可能性,或者筛除在该职业领域没有成功可能性的个体。

2) 职业能力倾向测验的内容结构

职业能力倾向测验的内容结构见表6-2。

表 6-2 职业能力倾向测验的内容结构

部分	内容	考查内容	题型	题数	时间/分钟
一	知觉、速度与准确性	考查对数字、字母和汉字等视觉符号快速而准确地觉察、比较、转换和加工的能力,涉及感觉、知觉、短时记忆和识别、判断等心理过程,是速度测试	1. 数字属于的区;2. 数字属于的数列;3. 字符相同个数;4. 在词表中词组的个数;5. 字符替换核对;6. 字符区间核对;7. 字符置换计算与区间核对	60	10（单独计）
二	数量关系	主要考查应试者解决算术问题的能力,对数量关系的理解和计算能力	1. 数字推理;2. 数学运算	15	10
三	言语理解	对文字材料的理解、分析与运用能力	1. 词组替换;2. 选词填空;3. 语句表达;4. 阅读理解	20	25
四	判断推理	涉及对图形、词语概念、事件关系和文字材料的认知理解、比较、组合、演绎、综合判断能力,反映对事物本质及事物间联系的认知能力的高低	1. 事件排序;2. 常识判断;3. 图形推理;4. 演绎推理;5. 定义判断	40	30
五	资料分析	对图形、表格和文字形式的统计资料进行准确理解与综合分析的能力	1. 图形资料;2. 文字资料;3. 表格资料	15	15

6.4 人格测验

6.4.1 人格

人格是个体所具有的与他人相区别的稳定和独特的思维方式、行为风格,它贯穿于人的整个心理,是人的独特性的整体写照。在心理测量学中,人格专门指那些除人的能力以外的情感、动机、态度、性格、兴趣、品德、价值观等。人格会影响人在工作中对事物的理解，影响人处理事物的方法，影响人在工作中与他人相互沟通的方式，影响人独特的表现方式。人格对于管理者来说是很重要的，它渗透到管理者的所有行为活动中，影响管理者的活动方式、风格和绩效。人生的较量分为3个层次：最低层次是技巧的较量，然后是智慧的较量，最高层次的较量则是人格即个性的竞争。

人格有两层意思：一是指外在的、公开的自我，即每个人在人生舞台上所表现出来的种种行为，每个人所扮演的不同的社会角色；二是指真实的、内在的、内隐的自我，这往往是人们由于某种原因而不愿展示出来的、内隐的自我。可以将人格理解为人们所具有的个体独特的、稳定的对待现实的态度和习惯化的行为方式，它是一个人区别于其他人的稳定的心理特征，是由先后天的交互作用而形成的。一般认为，个性包括气质、性格、能力、兴趣、爱好、需要、理想、信念等方面内容，换言之，个性涉及四个方面：全面整体的人、持久统一的自我、有特色的个人和社会化的个体。

6.4.2 气质测评

气质是一个人的心理活动和行为的动力方面稳定的心理特征。

古希腊的医生加伦认为，人的健康与性格特点与体内的血液、黑胆汁、黏液和黄胆汁这4种体液的比例有关。当它们分别在体内占优势时，就分别构成多血质、胆汁质、黏液质和抑郁质四种不同的气质（见表6-3）。

表6-3 气质特征及构成

多血质	胆汁质	黏液质	抑郁质
行动有很高的反应性；喜欢与人交往，适应新环境；言语具有表达感染力；积极主动，精力充沛，热情来得快去得也快；一般属于外倾	高的反应性和主动性；脾气暴躁、易怒，好挑衅，态度直率，精力旺盛；热情地投入工作并努力克服障碍但少耐心；可塑性较差，兴趣稳定；属于外倾	反应性低、情感不易发生，也不易外露；自制力强；遇事不慌；能稳定有条理持久地工作，但缺乏灵活性；注意力保持，不易转移，善于忍耐；一般属于内倾	有较高的感受性，能觉察许多别人不易觉察的细节，多愁善感，情绪容易变化但表现得微弱而持久，在困难面前优柔寡断，心神不宁，不能迅速转向新的工作，主动性差，不能指导事情坚持到底，但富于想象，较聪明；一般属于内倾
看到楼下的入口处看门很严，可能会溜到楼上看电影	同看门人争吵，甚至不顾看门人的阻拦而闯入电影院	可能一直在等着	可能在叹息，真不走运，偶尔来了一次电影院，却这样倒霉，于是转头就走

6.4.3 管理人员人格测验

1. 目的与功能

人格是个体所具有的与他人相区别的稳定和独特的思维方式与行为风格，它贯穿于人的整个心理活动过程，是人的独特性的整体写照。

人格测验从正性情绪倾向、负性情绪倾向、广纳性、责任心、乐群性、内控性、自控性、自信心、A型人格、成就动机、权力动机、面子倾向等12个与管理绩效有关的人格特点进行考查。

2. 测验的构成

该测验针对12个人格维度进行考查，测验题目以"三择一"的选择题形式出现，主要是要求应试者对自我行为和思维方式进行描述、评价，并在3个选项中选择符合自己情况的选项。

3. 管理人员12人格维度定义

管理人员12人格维度定义见表6-4。

表6-4 管理人员12人格维度定义[①]

因素名称	定义	高分特征	低分特征
正性情绪倾向	倾向于体验正性情绪，对自己感觉良好	较社会化，亲切、友善，对工作满意，宜在高社会交往的部门	与他人交往少，较少体验到正性倾向
负性情绪倾向	用负性的眼光看待自我和周围的人格特质	体验到负性情绪，感到工作、时间和环境的压力，对自己要求严，宜在批判性思考和评估的位置	较少感到环境的压力，能承担风险和易受挫的工作
广纳性	有独创性和革新性行为，愿意冒险	对变化大、需要创新性的或较为冒险的工作较为适宜	较为保守和谨慎，依赖经验，不愿创新
责任心	认真、审慎和坚忍的倾向	有组织性和纪律性	缺乏方向性和自律性，耐心不足
乐群性	与他人相处融洽的倾向	善于照顾他人，对他人亲善，是好的团队合作者，宜于需要与他人发展良好关系的岗位	不招人喜欢，对人不信任，没有同情心
内控性	反映自己对周围控制力的看法	相信能控制和影响自己的生活和经历，易激励	对环境影响很少，相信外部力量控制命运
自控性	试图控制自己在他人面前的行为方式的倾向	希望自己的行为为社会所接受，并且善于调整自己的行为以适应社会，善于处理他人对自己的印象	不关心他人对自己的看法，被自己的态度、信念、情感和原则所引导

---

① 王垒，姚宏，廖芳怡，等．实用人事测量．北京：经济科学出版社，1999.

续表

因素名称	定义	高分特征	低分特征
自信心	为自己和自己的能力感到自豪的倾向	能应付大多数情境的人，倾向于挑战性的工作和职业	往往对自我价值提出质疑
A型人格	竞争性人格	有强烈的成就动机和竞争意识，并有强烈的紧迫感，较难相处，适于单独工作	温和、宽容、慢节奏，适合随意性大的工作
成就动机	喜欢接受挑战性任务，希望达到个人的高目标	喜欢将个人的目标定得较高，对所发生的事情负责，有很强的目标方向性	追求个人高目标的愿望不强，能容忍失败
权力动机	希望控制或影响他人的行为和情绪的倾向	有想对他人进行情绪、行为上的控制和影响的强烈愿望	对他人的依赖性较强，希望别人指导工作
面子倾向	看重面子，也维持他人的面子	力求受到他人的重视、赞赏、推崇，希望能在别人心中占重要地位及留下美好印象	不在意他人对自己的评价

6.4.4 卡特尔十六种人格因素（16PF）测验

1. 16PF 测验的目的

大量的研究和实践表明，某些人格类型和管理活动有着特定的关系，它们对团体的贡献不同，所适宜的管理环境也不同。利用成熟的人格测验方法对管理者或应聘者的人格类型进行诊断，可以为人事安置、调整和合理利用人力资源提供建议。卡特尔16PF测验正是从16个与管理活动有特定关系的人格维度（根源特质）对人进行考查，了解被试在环境适应、专业成就和心理健康等方面的表现，预测被试的工作稳定性、工作效率和承受压力的能力等。个性是人的心理行为的基础，它在很大程度上决定了人如何对外部刺激作反应以及反应的方向、程度、效果。进一步说，个性会影响到人的身心健康、活动效率、潜能的开发及社会适应状况，可广泛地用于心理咨询和职业指导的各个环节，为人力资源决策和人事诊断提供个人心理素质的参考依据。

2. 测验的概况

1) 适用对象

本测验是评估16岁以上个体人格特征的最普遍使用的工具之一，广泛适用于各类人员，对被试的职业、级别、年龄、性别、文化等方面均无限制。

2) 测验的构成

卡特尔采用系统观察法、科学实验法及因素分析统计法，经过二三十年的研究，确定出 16 种人格特质：选取乐群性（A）、敏锐性（B）、稳定性（C）、影响性（E）、活泼性（F）、规范性（G）、交际性（H）、情感性（I）、怀疑性（L）、想象性（M）、隐秘性（N）、自虑性（O）、变革性（Q_1）、独立性（Q_2）、自律性（Q_3）、紧张性（Q_4）等 16 种人格因素作为测量维度，并据此编制了测验量表，用来获取受测人的真实个人反应，以此推断其人格特质。16 种人格因素是各自独立的，每一种因素与其他因素的相关极小，不同的组合构成了一个人区别于其他人的独特个性。

测验由 187 道题组成，每一人格因素由 10~13 个测验题材组成的分量表来测量，共有 16 个分量表。16 种因素的测验题采取按序轮流排列，即从第 1 题到第 16 题分别按序对应于 16 个人格因素，然后再转回来，从第 17 题到第 32 题再同样按序对应 16 个人格因素。这样既便于计分，也保持被试作答时的兴趣。每一测题有 3 个备选答案。

样题：我喜欢看团体球赛　　（A）是的　　（B）偶然的　　（C）不是的
　　　金钱不能带来快乐　　（A）是的　　（B）介于 A 和 C 之间　　（C）不是的

3) 测验的特点

卡特尔认为，人的行为之所以具有一致性和规律性，就是因为每一个人都具有根源特质。他认为这 16 种特质代表着人格组织的基本构成。该测验是自陈量表，其优点是测验高度结构化，实施简便，计分、解释都比较客观、容易。其缺点是：被试常因情境的改变而做出不同的反应，测验的信度不高；被试对问卷的回答不一定能反映其真实情况，测验的效度受到影响；个体的反应定式和反应风格常影响测验的结果；由于人格特质难以定义，个体行为总是受到情境与人格的交互作用的影响。

4) 测验的实测过程

测验限定时间，被试做题时应以对问题的第一印象尽快回答，无须过多斟酌。一般 30~45 分钟可以完成。测验有两种形式。

(1) 纸笔作答。

按预定人数选好地点和安排好考场—准备好测验所用的材料如测验题本、专用答题纸、铅笔和橡皮等—安排考生进场，宣布注意事项—检查试者完成了所有题目后，回收题本和答题纸，测验结束。

(2) 计算机施测。

启动 16PF 测验专用软件—按照屏幕提示，输入所需要的信息以及被试的背景信息—让被试看屏幕指导，学会如何看题并作反应—被试答题—答题结束，出具计算机计算及报告结果，包括各个人格维度上的初步测评结果、转换后的标准分、人格因素剖面图、次元人格因素估算和应用估算分数。

5) 维度定义

16 种人格因素的定义如表 6-5 所示。

表 6-5　16 种人格因素的定义

因素符号	因素名称	定义	高分特征	低分特征
A	乐群性	热情对待他人的水平	关注他人，易与人交往，对人热情	关心工作任务等客观事物胜于对他人的关心
B	敏锐性	对外界反应的迅速性与表达的自发性	自发表达水平高、思维迅速，但在言行前不深思熟虑	在决策前会三思而后行，思考全面深刻
C	稳定性	应付日常生活要求的知觉水平	能控制现实的需求并能沉着、冷静地应付这些要求	觉得自己受生活的影响大，难以沉着对付
E	影响性	力图影响他人的倾向性水平	喜欢去影响他人	不经常表达自己的观点，倾向于让他人领导
F	活泼性	寻找娱乐的倾向和表达的自发性水平	较活泼和任性，具有高水平的自发性	严肃认真，喜欢全面地思考问题
G	规范性	崇尚并遵从社会化的行为标准和外在的强制性规则	崇尚并遵从社会标准和外在强制规则	不喜欢严格的规则和强制指导及书本规则
H	交际性	在社会情境中感觉轻松的程度	在社会情境中表现自如，很少感觉到来自他人的威胁	对外界感到不舒服和害羞，不喜欢被关注
I	情感性	个体的主观情感对事物判断的影响程度	对事物的判断较易受到自己的情感和价值观的影响	决策和判断时倾向于注重逻辑和客观性
L	怀疑性	探究他人言行举止背后的动机的倾向水平	不按言行的表面去理解，喜欢探究他人言行背后的动机	乐于相信他人言行是真的
M	想象性	在外在环境因素与内在思维过程之间寻求平衡的水平	勤于思考，不拘事件的细节信息，思索有限事实之外的东西	是现实主义者和脚踏实地的人，直接地去做
N	隐秘性	将个人信息私人化的倾向	爱保守个人秘密	喜欢待人公开、直率
O	自虑性	自我批评的倾向	自我批评意识强，倾向于承担责任，觉得自己活得较他人艰难	很少自我怀疑
Q_1	变革性	对新观念和新事物的开放程度	对新观念与经验有强烈的兴趣	按既定方法行事
Q_2	独立性	融合于群体及参与集体活动的倾向	倾向于独立解决问题和作出自己的决策	希望成为组织的一员并热爱组织
Q_3	自律性	以明确的个人标准及严格的组织纪律性对自己行为进行控制的倾向	有清晰的个人标准并以此来规划自己的行为	事先不计划和控制，可容忍无组织性

续表

因素符号	因素名称	定义	高分特征	低分特征
Q_4	紧张性	与他人交往中的不稳定性、不耐心以及由此所表现的躯体紧张水平	体验到高度的紧张，经常感受到不满和不耐烦	很少感到不满和不耐烦

6.5 其他心理测验方法

6.5.1 MMPI 问卷法心理健康测评

1. MMPI 问卷法的适用情景

运用调查问卷测评人的心理健康状况及心理障碍的类型和程度是心理健康状况测评的基本方法之一。心理健康测评问卷类型很多，最著名的是明尼苏达多项人格问卷，也叫 MMPI 问卷，该问卷的编制目的是判别精神病人与正常人。

随着竞争的加剧，工作压力越来越大，心理健康已逐渐成为人们关注的问题。MMPI 问卷可以帮助人们及时了解自己的心理健康状态，及时进行调整。

2. MMPI 问卷的内容组成

MMPI 问卷包括 566 道题目，由 10 个临床量表和 4 个效度量表组成，适用于 16 岁以上的成年人进行心理健康测评。问题涉及的范围包括一般健康、一般神经症等 26 个方面。

10 个临床量表包括：疑病症测评量表、抑郁症测评量表、癔病症测评量表、病态偏执测评量表、男子气—女子气测评量表、妄想狂测评量表、精神衰弱测评量表、精神分裂症测评量表、轻躁症测评量表和社会内向测评量表。

4 个效度量表包括：说谎分数表、诈病分数表、校正分数表和疑问分数表。效度量表反映了被测评者对测评的态度。

6.5.2 投射法心理健康测评

1. 投射法心理健康测评的适用情境

"投射"在心理学上是指个体把自己的思想、态度、愿望、情绪、性格等人格特征，不自觉地反映于外界事物或他人的一种心理作用。投射法正是运用这一理论，采用一些模棱两可的刺激，让被测评者不受限制、自由地表现其反应，在不自觉中表露出其人格特点，并借此分析、评定其心理健康状况。

2. 投射法心理健康测评的几种形式

1) 常用的投射法测评

常用的投射法测评有 4 种：罗夏墨迹测评、主题统觉测评、完成句子测评和绘画测评。

（1）罗夏墨迹测评。

罗夏墨迹测评是非常有代表性并广为使用的投射法测评。它主要是通过观察被测评者对一些标准化的墨迹图形的自由反应，评估被测评者投射出来的个性特征。

值得注意的是，该测评方法计分和结果分析很复杂，必须由专业人员执行，同时主观性较大。

（2）主题统觉测评（TAT）。

TAT 测评是通过让被测评者根据所呈现的图片来自由联想编造故事。

值得注意的是，TAT 测评的主观性很强，但是相比于罗夏墨迹测评，其结构性更强一些。

（3）完成句子测评。

完成句子测评是投射测评中较为接近自陈问卷的测评，是一种在评分和结果分析方面都比较标准化的自由作答测评。根据被测评者的反应，将其情感、态度、观念等投射出来。完成句子测评，其实施同前面两种方式相比，更为简单。

完成句子测评的题目形式较为规范化。例如：我喜欢读书。

（4）绘画测评。

绘画测评其实是一种投射技术，不仅是一种人格测验，而且是一种智力测验。主要是用简单、模糊和不确定的指导语，让人们把深层次的动机、情绪、焦虑、冲突、价值观和愿望等，于不知不觉中投射在图画作品上。常见的画图技术包括画人、画树、画屋—树—人和自由绘画等。因此，绘画测评的原理是人们在画图时，会很自然地浮现出一些联想、记忆或某些片段，并把这些情绪、感受用线条和色彩表达在图画中，这时图画就具有某种象征意义。

解释图画时要谨慎。对每一幅画的分析，都必须考虑所有指标和要素，而且必须考虑作画者的年龄、社会文化背景、情绪状况、主要问题等。一般不单独把绘画测评作为唯一的工具。对图画的解释一是要由专业人员来进行，二是要倾听作画者本人的解读。只凭书上的标准去给别人解释是不严肃的，对别人的帮助也是很有限的。

2) 投射法心理健康测评值得注意的问题

投射法测评是一种非结构性测评，不如问卷法易于掌握，因此，只有经验丰富的专家使用这类方法，才能保证其测评的效度。

6.5.3 医学检查法

医学检查法往往是借助医学手段加以检查和评定，比较专业。

MMPI 问卷法、投射法和医学检查法是测评心理健康状况常用的方法。选择合适的测评方法可帮助人们正确评定被测评者的心理健康状况,为被测评者的招聘、选拔、培训等提供依据。

案例讨论

空中乘务员心理素质测评体系的研究[①]

一、研究目的

航空公司是国家重要的服务性产业,空中乘务员是公司的窗口代表,直接影响着航空公司的形象。为了提高空中乘务员的整体素质,首先应从严格而科学的人事选拔开始,从外表形象、生理条件、心理素质等方面全方位地对应聘人群进行筛选。目前国内的航空公司在选拔新的空中乘务员的过程中,一般着重于生理条件、语言等因素,使用的方法多为经验筛选(即根据领导或资深乘务员的判断)。鉴于空中乘务员的工作特点,这是一个处在特殊的工作环境中,并且不断与各种人群发生互动行为的职业,因此不仅要求空中乘务员有健康的体魄、亲切的外表,更要求具备宜人的个性、成熟的心态、得体的处世方式。心理素质是指一个人内在稳定的心理特征的总和,它反映着不同的人的心理面貌,并影响到他(她)的工作作风、工作绩效和人际关系。因此在航空公司的人力资源开发管理中,有必要在人事选拔中加大对应聘者心理素质测评的力度。本研究将编制一套主要用于选拔空中乘务员的心理素质测试工具,着重查应聘者的若干心理特征,并将测验纳入招聘程序中,为有效地选拔新的乘务员提供重要的辅助工具和参考手段,力图实现"人—职匹配"的宗旨。另外,本测验还可帮助管理者对在职的空中乘务员的个性特征及其职业适应性作出及时的诊断,寻找差距与不足,从而制定相应的培训措施,进一步完善在职群体的心理素质。

二、研究内容

研究按照编制测验的一般原则。由于本研究具有较强的针对性,因而从工作岗位分析入手,确定心理素质的指标体系、测验设计、预测、项目分析、信度效度分析、常模制定等若干方面。

(一)研究方法

1. 工作分析

工作分析是一个获取有关工作信息的过程,它包括描述和记录一个工作的目的、主要职责和活动、工作条件以及所需的技能、知识、态度和适宜的心理素质的过程。工作分析是企业在招募选拔、晋升培训、薪资福利等人力资源管理活动中决策的依据,当然也是本研究的起点。工作分析包括以下内容。

(1)工作说明书。工作说明书是公司内部对空中乘务员岗位的工作活动和职责的基本要求,体现这一岗位的基本职业特点(见表6-6)。

---

① 案例节选:吕晓俊,丁彪. 空中乘务员心理素质测评体系的研究. 人类工效学,2002,8(1):11-14.

表 6-6　空中乘务员基本的岗位活动内容

序号	活　动　内　容
1	文化专业知识与技能（飞机设备基础知识、外事、气象、餐饮、救护、应急措施、英语等）
2	主动、热情、周到、有礼貌地为旅客服务
3	宣传有关规定
4	负责回答旅客问询
5	正确操作机上设施
6	配合其他地勤人员

（2）查阅文献。由于针对空中乘务员的心理测验在国内尚属空白，因而是参考了一些相关服务行业的研究，它们之间存在某些共同性，同时借鉴了一些较为成熟的个性测验工具。

（3）设计半结构访谈。进一步了解空中乘务员岗位的特殊性，组织不同性别及学历的在职空中乘务员进行座谈，获取有关该岗位的感性认识，从在职人员的亲身经历中寻找和明确各种活动所需要的心理品质。

（4）整理访谈资料。分析空中乘务员所从事的活动，各种活动所占的比重。总结出该岗位的职业适应性特征，并将个性及心理健康理论与之结合，归纳出从事空中乘务员工作所需的心理能力，形成该岗位适合人群的心理品质特点的轮廓。

2. 测验维度设计的理论依据

（1）情绪稳定性和责任意识。国内外的研究资料表明，情绪的稳定性和责任感对所有职务和所有绩效的效标都有很高的预测效度。对于空中乘务员来说，由于处于一个较为特殊的工作环境中，不能排除发生意外事件的可能，乘务员本身如果情绪躁动，极易感染乘客，造成不良后果，因此情绪的稳定性指标是测验考虑的第一因素。而责任意识是勇于承担责任、有始有终的表现，给人以良好的信任感。

（2）自制良好。空中乘务员的工作活动大多围绕着与乘客的相互交往，适时适度地表达自身的情绪，规范自己的行为，能够顾全大局，确保飞行任务的完成。

（3）自信。自信的乘务员传递给乘客安全感。同时，拥有自信的乘务员将更能在工作中不断完善自身，提高各种工作技能和素质。

（4）灵活应变和挫折承受力。空中乘务员每次工作都面临着不同的对象，要应付形形色色的要求，在与乘客的交往中并不总是一帆风顺的，是否能坦然接受交往挫折或其他方面的困难，能否自主调节表现行为的应变性是空乘顺利开展工作的重要方面。

（5）人际交往品质。良好的人际交往品质是指能设身处地地体验他人的处境，对他人情绪情感具备感受力和理解力。搞好人际关系的主要途径是：学会换位思考、学会倾听、学会表达尊重。在与人打交道的空乘工作中，这些行为是提高顾客满意度所必需的。

（6）兴趣倾向。兴趣是人们活动的心理动力之一。在人们面临职业选择时，作为必要的心理动力，从情感上给予肯定和支持，有利于人的职业适应。

(7) 控制点。控制点指个体相信自身能够控制影响他的事件的程度。有高内控点的个体相信自己的行为和行动。控制点的不同解释了很多在组织或社会情境中的行为差异。事实表明，与外控者相比，内控者更倾向于影响或说服他人，而较少受他人影响。

(8) 心理调适。困难和压力是生活的现实。特别对于空乘工作而言，每天面对不同层次的旅客，工作在特殊的环境中，作息时间不稳定，使得这一群体面临的工作及生活的压力更多于一般的服务行业。然而，最关键的问题在于个体能否采取积极有效、有建设性的应对措施，调适心理状态，用一种冷静、沉着和泰然自若的反应来代替机械、紧张、无效的反应。

(二) 研究内容

1. 预测问卷设计

根据工作分析的结果和相应理论设想来进行测验设计。测验中项目的选择尽量做到有代表性，措辞言简意赅，初稿时保留较多项目以供筛选。

2. 预测和项目分析

(1) 预测样本情况。主要来自公司内部不同年龄及学历的男、女乘务员。

(2) 项目分析。用鉴别指数作为筛选指标。根据心理测量学的一般规则，将样本中各分量表上的得分最高和最低的各27%作为高分组和低分组，两组被试在每个项目上的通过率之差，就是这一项目的筛选指数。在对预测样本数据分析的基础上，计算每个项目的鉴别力指数 D 值，将 D 值小于 0.2 的项目筛去，保留鉴别力较高的128个项目，形成正式量表。

3. 正式测验双向细目表（见表6-7）

表6-7　双向细目表

维度		亚维度	项目数
适宜心理素质	心理成熟度	1. 情绪稳定性	8题
		2. 自制良好	7题
		3. 责任意识	5题
		4. 自信	6题
		5. 灵活应变	6题
		6. 挫折承受力	8题
	职业适应性	7. 人际交往	17题
		8. 兴趣倾向	22题
		9. 控制点	24题
		10. 应对措施	20题
		效度量表（测谎）	10题（含5道重复题）
合　计			128题

三、测验信度和效度分析

1. 样本情况正式施测的样本情况（见表6-8）

表6-8 有效样本情况表

学　历	女　性	男　性	合　计
大专以下/人	147	29	176
大专及以上/人	112	16	128
合计/人	259	45	304

注：取样在公司内部完成，并且由于岗位特征，因而女性人数多于男性，全部数据输入计算机，使用SPSS进行统计分析。

2. 信度指标

指标测验的信度是指测验的可靠性，也是对测验一致性的估计。本测验采用内部一致性α系数作为信度指标，见表6-9。

表6-9 各分量表信度

分量表	f_1	f_2	f_3	f_4	f_5	f_6	f_7	f_8	f_9	f_{10}
α系数	0.450 7	0.561 3	0.511 2	0.434 9	0.519 2	0.546 4	0.682 3	0.742 4	0.640 8	0.572 6

信度分析显示：各分量表的α系数为0.4~0.8，表明测验具有一定的可靠性。

3. 效度指标

指标好的测验必须客观、可靠，同时还必须是有效的。测验的效度即指一个测验能测出所要测量的对象的程度。在此，我们采用同质性效度。为了考查本测验的各项测题的有效程度，也就是讨论每个分量表中的测题是否具有价值，而且是同属于一个维度的，从304个被试问卷中抽取了8个测题（分量表1中的第3、19题；分量表3中的第16、33题；分量表6中的第1、14题；分量表9中的第50、61题），分别统计了它们与所属量表及其他量表的相关系数，所得的结果如表6-10所示，各测题都能较好地反映出其所属的分量表。

表6-10 同质性效度　　　　　　　　　　　　　　　　（n=304人）

测题	分量表1		分量表3		分量表6		分量表9	
	Q3	Q19	Q16	Q33	Q1	Q14	Q50	Q61
分量表1	0.380	0.464	0.209	0.372	0.216	-0.044	-0.033	0.016
分量表3	0.168	0.134	0.600	0.528	0.228	-0.017	-0.028	-0.017
分量表6	-0.089	0.082	0.159	0.064	0.472	0.564	0.030	0.026
分量表9	0.021	0.121	0.280	0.410	0.272	0.119	0.037	0.063

效度分析结果表明，各项目与其分量表的相关均高于其他量表的相关[1]，显示测验的同质性效度较好。

---

[1] 举例说明：Q3是第三题，这里的相关表明Q3和量表1的相关系数是0.380，和其他量表的相关系数均较低。

四、测验的标准化

1. 施测过程标准化

本测验有纸笔和上机两种施测形式,有效的测验结果有赖于主试遵从标准化程序进行施测。因此,在纸笔测试和上机测试中都应使用同一测题,不能更改任何测题所规定的语句。主试不能超出允许的范围给予被试任何形式的暗示,严格按照本手册施测,也可个别施测。在纸笔或上机测试实施时,首先仔细阅读指导语,跟从主试的要求填写个人资料;其次在答题前弄清作答方式;最后开始正式答题。

2. 分数解释方式

分数的解释包括两个方面的问题:一是如何使分数具有意义;二是如何将有意义的信息传达给使用者。在施测之后直接从测验上获得的分数为原始分,原始分本身没有多大意义。为了比较被试在各个分测验上得分高低,明确他们在各个心理素质维度上的特征,有必要将各分量表的原始得分转换成具有一定参照点和单位的数值,这样才能对测验的结果作出有意义的解释。

(1)标准分数。为了便于将分测验得分相加,获得测验总分,常常需要将原始分转为具有相等单位的间隔量表(即等距量表),标准分数就是最常用的等距量表。根据每个分量表的平均分及标准差按公式 $Z=(X-\bar{X})/S$ 可计算各个分量表的标准分 Z 值,通过公式 $T=50+10\times Z$ 可获得各量表的转换分。① 由于学历、性别的差异不显著,因此分男女或性别建常模的意义不是很大,建议男女常模合一,总共制定了10个分量表的常模表(因为是与公司合作项目,最终建立的是公司内常模。由于篇幅所限,略)。

(2)总分十分位。由于本测验主要用于人事选拔,因而确定被试在应聘者群体中的相对位置是有意义的,各分量表的转换分相加获得的测验总分,运用SPSS软件进行统计处理,获得应聘群体的十分位表。另外,在对某一单个被试施测之后,也可将他(她)的总分对照常模群体的十分位表,获悉他(她)在常模群体中的相对位置(见表6-11)。

表6-11 常模群体的十分位表

N	Valid Missing		304 0
Percentiles		10	462.61
		20	480.51
		30	501.57
		40	520.43
		50	544.27
		60	565.58
		70	590.16
		80	610.56
		90	656.41

---

① T 是将带有小数的 Z 转化为整数。

编者注：表6-11是测验得分各分位值的结果。从表中可以看出，有10%的被测者得分小于462.61，有一半的被测者得分小于544.27，有90%的被测者得分小于656.41。以此类推。通过此表，可以由某一被测者的得分得到其在常模群体中的位置。

[讨论题]
（1）本案例中对空中乘务员心理素质测评体系的研究遵循哪几个步骤？
（2）本研究借鉴了哪些个性测验工具？试列举之。
（3）试评价本研究中的优点与不足。

实训活动

实训项目6 心理测验设计

【实训内容】
能根据具体岗位需求选择相应的心理测评方法，初步学会运用量表调查和分析心理现象。

【实训设施】
人员素质测评实训室；电脑及投影设备（用于播放演示文稿和视频）。

【实训项目6-1】心理测验设计
（1）根据所讨论的职业（或职位）的素质测评要求确定需要心理测验的形式、种类。
（2）通过查阅资料设计相关心理测验的测评内容及程序。
（3）若所讨论的职业（或职位）无心理测验内容，请设计招聘公司营销主管部门经理所需的口头表达能力、情绪控制能力及沟通能力测评的测评内容及程序。
（4）教师实训点评。

【实训项目6-2】学习心理量表的使用
（1）将参加实训的学生分成若干小组，每组选出小组长。
（2）教师提出实训任务和具体要求，每小组分别进行量表相关资料的收集。
（3）进行小组课堂讨论。
（4）学生在课堂上汇报自己收集的资料，教师现场指导。
（5）学生参考相关资料，结合量表的使用写出实训报告。
（6）最后实训指导老师进行总结。并通过气质量表使学生学会使用量表。

自测练习题

一、单项选择

1. 下面哪一个属于品德素质？（   ）
   A. 思想品质   B. 社会化程度   C. 智力   D. 技能
2. 卡特尔16PF测验主要用于测量（   ）。
   A. 智力   B. 兴趣   C. 品德   D. 特殊性向

3. 明尼苏达办事员能力测验属于（   ）。
   A. 文书倾向测验   B. 运动技能倾向测验
   C. 机械倾向测验   D. 技能技巧测验
4. （   ）的精神分析学说为面试提供了心理学依据。
   A. 卡特尔   B. 雷斯特   C. 比奈   D. 弗洛伊德
5. 高等教育自学考试的合格线是以普通高校相同学历层次、相同课程的结业水平为参照标准，这种测评标准属于（   ）。
   A. 参照常模   B. 参照效标   C. 无目标测评   D. 以上都不是
6. 安静、稳重、反应缓慢、沉默寡言、情绪不易外露、注意稳定难以转移、善于忍耐、具有内倾性，这些特征属于的气质类型是（   ）。
   A. 胆汁质   B. 多血质   C. 黏液质   D. 抑郁质
7. 测谎器利用的是（   ）。
   A. 投射技术   B. 生理学测评   C. 问卷调查   D. 智力测评
8. 斯坦福-比奈测验属于（   ）。
   A. 智力测验   B. 态度测验   C. 品德测验   D. 性格测验
9. 心理测验是对（   ）的计量。
   A. 反射性生理行为   B. 某个行为
   C. 内部心理活动   D. 外显行为
10. 16项人格因素问卷是卡特尔根据人格特质说观点，采用（   ）的方法编制而成的。
    A. 人格分析   B. 因素分析   C. 个性分析   D. 科学分析
11. 用意义不明确的各种图形、墨迹、词语，让被测者在不受限制的情境下自由地作出反应，从分析反应结果来推测测验的结果，这种测验方法为（   ）。
    A. 机械倾向测验   B. 投射技术测验
    C. 生理学测验   D. 镶嵌图形测验
12. 希波拉克特认为，人体内有4种体液：血液、黏液、黄胆汁、黑胆汁。黑胆汁占优势的人表现为（   ）。
    A. 多血质   B. 胆汁质   C. 抑郁质   D. 黏液质

二、简答题

1. 什么是心理测验？
2. 心理测验有哪些种类与形式？
3. 心理测验在人员素质测评中有什么作用？
4. 什么是智力？一般采用什么形式进行测量？
5. 能力倾向测验的本质是什么？
6. 能力倾向测验的设计原则有哪些？
7. 常用的能力倾向测验有哪些？
8. 什么是人格？

9. 管理人员人格测验的构成有哪些?

学习资料1

健康状况问卷调查

精神症状的自我鉴定

下面的问卷是由日本 PDS（个性资料系统）研究所所长稻田年太先生编制的精神症状自测鉴定。

请在每个问题后面的括号中填写相应的字母：

A. 符合　　　B. 不符合　　　C. 与自己毫无关系　　　D. 不清楚

1. 问题如下：

（1）如果周围有喧闹声，不能马上睡着。（　　）
（2）常常怒气陡生。（　　）
（3）梦中所见与平时所想的不谋而合。（　　）
（4）习惯与陌生人谈笑自如。（　　）
（5）经常精神萎靡。（　　）
（6）常常希望好好改变一下生活环境。（　　）
（7）不破除以前的规矩。（　　）
（8）稍稍等人一会就急得不行。（　　）
（9）常常感到头有紧箍感。（　　）
（10）看书时对周围很小的声音也能感觉到。（　　）
（11）不大会有哀伤的心情。（　　）
（12）常常思考将来的事情并感到不安。（　　）
（13）一整天孤独一人时常常心烦意乱。（　　）
（14）自以为从不对人说谎。（　　）
（15）常常有一着慌就完全失措的情况。（　　）
（16）经常担心别人对自己的看法。（　　）
（17）经常以为自己的行动受别人支配。（　　）
（18）做以自己为主的事情，常常非常活跃，并无倦意。（　　）
（19）常常担心发生地震和火灾。（　　）
（20）希望过与别人不同的生活。（　　）
（21）自以为从不怨恨他人。（　　）
（22）失败后，会长时间保持颓废的心情。（　　）
（23）事出意外，常常归结为运气不佳，而不是方法不当。（　　）
（24）即使最近发生什么事故，也往往毫不在乎。（　　）
（25）常常为一点小事而激动。（　　）
（26）很多时候天气虽好却心情不佳。（　　）

(27) 工作时，常常想起什么便突然外出。（　　）
(28) 不希望别人经常提醒自己。（　　）
(29) 常常对别人的微词耿耿于怀。（　　）
(30) 常常因为心情不好感到身体某个部位疼痛。（　　）
(31) 常常会突然忘却以前的打算。（　　）
(32) 尽管睡眠不足或者连续工作却毫不在乎。（　　）
(33) 生活没有活力，意志消沉。（　　）
(34) 工作认真，有时却有荒谬的想法。（　　）
(35) 自认为从没有浪费时间。（　　）
(36) 与人约定事情常常犹豫不决。（　　）
(37) 看什么都不顺眼，时常感到头痛。（　　）
(38) 常常听见他人听不见的声音。（　　）
(39) 常常毫无缘由地感到快活。（　　）
(40) 一紧张就冒冷汗。（　　）
(41) 比过去更厌恶今天，常常希望最好出些变故。（　　）
(42) 自以为对人经常说真话。（　　）
(43) 往往漠视小事，而无所长进。（　　）
(44) 紧张时脸部肌肉通常会抽动。（　　）
(45) 有时认为周围的人与自己截然不同。（　　）
(46) 常常会粗心大意地忘记约会。（　　）
(47) 爱好沉思默想。（　　）
(48) 一听到有人说起仁义道德的话，就怒气冲冲。（　　）
(49) 自认为从没有被父母责骂过。（　　）
(50) 一着急后，总是担心时间，频频看表。（　　）
(51) 尽管不是毛病，常常感到心脏和胸口发闷。（　　）
(52) 不喜欢与他人一起游玩。（　　）
(53) 常常兴奋得睡不着觉，总想干些什么。（　　）
(54) 尽管是微小的失败，却总是归咎于自己的过失。（　　）
(55) 常常想做别人不愿意做的事情。（　　）
(56) 习惯于亲切和蔼地与别人相处。（　　）
(57) 必须在别人面前做事情时，心就会激烈地跳动。（　　）
(58) 心情常常随当时的气氛变化，而且变化很大。（　　）
(59) 即使是自己发生了重大事情，也如别人那样思考。（　　）
(60) 往往因为极小的愉悦而非常激动。（　　）
(61) 心有所虑时，经常情绪非常消沉。（　　）
(62) 认为社会腐败，不管多么努力也不会幸福。（　　）
(63) 自认为从没有与人吵过架。（　　）
(64) 失败一次后再做事情时非常担心。（　　）

(65) 常常有嗓子堵住的感觉。（　　）
(66) 常常视父母兄弟如路人一般。（　　）
(67) 常常与初次相见的人愉快交谈。（　　）
(68) 念念不忘过去的失败。（　　）
(69) 常常因为事情进展不如自己想象的那样而怒气冲冲。（　　）
(70) 自认为从没有生过病。（　　）

2. 计分方法

凡答 A 的得 2 分，B 和 D 的得 0 分，C 得 1 分，其中 7 的倍数的题目不计分，将剩余题目的得分加总，然后乘 3，所得分数即为精神症状指数。一般来说，精神症状指数低于 61 分则无重大问题。

3. 对得分的解释

各种不同的精神症状指数的含义如下。

18～32 分　精神健康，没有什么不良征兆。

33～47 分　精神健康，但是要检查一下某一症状类型的得分是否过高。如果这一症状类型的得分高于"一般"，就需要进一步检查某一方面的精神状况，找出病因，并对症治疗。

48～61 分　精神健康状况一般，说不上健康。需要彻底调整自己的健康状况，使精神症状指数达到 47 分以下。

62～76 分　稍微有精神疾病的征兆，最好请专家诊断。

77～90 分　已经患有某种程度的精神疾病，一定要接受专家的诊断，安心治疗。

学习资料2

卡特尔16种人格因素测验

有关性格的自测量表很多，而最著名的是美国心理学家卡特尔编制的 16 种人格因素测验。卡特尔 16 种人格因素测验从乐群性、敏锐性、稳定性、影响性、活泼性、规范性、交际性、情感性、怀疑性、想象性、隐秘性、自虑性、变革性、独立性、自律性、紧张性 16 个相对独立的人格维度对人进行评价，能够较全面地反映人的性格特点，该测验共由 187 道题组成，在职业指导及人员选拔领域被广泛运用。以下为卡特尔 16 种人格因素测验的测验题及评分标准。

本测验包括一些有关个人生活情形的问题，每个人对这些问题会有不同的看法，每个人的回答也就自然会有所不同。因而对问题如何回答，不存在"对"与"不对"之分，只是表明个人对这些问题的态度。请您尽量表达您个人的意见，不要有所顾忌。

（测验题）

每一个问题都有三个被选项，对每个问题只能选择一个项目。请尽量少选中性答案。每个问题都要回答。务必根据自己的实际情况回答。对每个问题不要过多考虑，请尽快回答。

1. 我很明白本测试的说明：_____
   A. 是的　　　　　　B. 不一定　　　　　　C. 不是的
2. 我对本测试的每一个问题，都能做到诚实回答：_____
   A. 是的　　　　　　B. 不一定　　　　　　C. 不同意
3. 如果我有机会的话，我愿意：_____
   A. 到一个繁华的城市去旅行　　　　B. 介于 A、C 之间
   C. 游览清静的山区
4. 我有能力应付各种困难：_____
   A. 是的　　　　　　B. 不一定　　　　　　C. 不是的
5. 即使是关在铁笼里的猛兽，我见了也会感到惴惴不安：_____
   A. 是的　　　　　　B. 不一定　　　　　　C. 不是的
6. 我总是不敢大胆批评别人的言行：_____
   A. 是的　　　　　　B. 有时如此　　　　　C. 不是的
7. 我的思想似乎：_____
   A. 比较先进　　　　B. 一般　　　　　　　C. 比较保守
8. 我不擅长说笑话，讲有趣的事：_____
   A. 是的　　　　　　B. 介于 A、C 之间　　C. 不是的
9. 当我见到邻居或亲友争吵时，我总是：_____
   A. 任其自己解决　　B. 介于 A、C 之间　　C. 予以劝解
10. 在群众集会时，我：_____
    A. 谈吐自如　　　　B. 介于 A、C 之间　　C. 保持沉默
11. 我愿意做一个：_____
    A. 建筑工程师　　　B. 不确定　　　　　　C. 社会科学研究者
12. 阅读时，我喜欢选读：_____
    A. 自然科学书籍　　B. 不确定　　　　　　C. 政治理论书籍
13. 我认为很多人都有些心理不正常，只是他们不愿承认：_____
    A. 是的　　　　　　B. 介于 A、C 之间　　C. 不是的
14. 我希望我的爱人擅长交际，无须具有文艺才能：_____
    A. 是的　　　　　　B. 不一定　　　　　　C. 不是的
15. 对于性情急躁、爱发脾气的人，我仍能以礼相待：_____
    A. 是的　　　　　　B. 介于 A、C 之间　　C. 不是的
16. 受人侍奉时我常常局促不安：_____
    A. 是的　　　　　　B. 介于 A、C 之间　　C. 不是的
17. 在从事体力或脑力劳动之后，我总是需要有比别人更多的休息时间，才能保持工作效率：_____
    A. 是的　　　　　　B. 介于 A、C 之间　　C. 不是的
18. 半夜醒来，我常常为种种不安而不能入睡：_____
    A. 常常如此　　　　B. 有时如此　　　　　C. 极少如此

19. 事情进行得不顺利时,我常常急得涕泪交流:_____
    A. 常常如此   B. 有时如此   C. 极少如此
20. 我以为只要双方同意离婚,可以不受传统观念的束缚:_____
    A. 是的   B. 介于A、C之间   C. 不是的
21. 我对人或物的兴趣都很容易改变:_____
    A. 是的   B. 介于A、C之间   C. 不是的
22. 工作中,我愿意:_____
    A. 和别人合作   B. 不确定   C. 自己单独进行
23. 我常常无缘无故地自言自语:_____
    A. 常常如此   B. 偶尔如此   C. 从不如此
24. 无论是工作,饮食或外出游览,我总是:_____
    A. 匆匆忙忙不能尽兴   B. 介于A、C之间
    C. 从容不迫
25. 有时我怀疑别人是否对我的言行真正有兴趣:_____
    A. 是的   B. 介于A、C之间   C. 不是的
26. 如果我在工厂里工作,我愿做:_____
    A. 技术科的工作   B. 介于A、C之间   C. 宣传科的工作
27. 在阅读时我愿阅读:_____
    A. 有关太空旅行的书籍   B. 不太确定
    C. 有关家庭教育的书籍
28. 本题后面列出三个单词,哪个与其他两个单词不同类:_____
    A. 狗   B. 石头   C. 牛
29. 如果我能到一个新的环境,我要:_____
    A. 把生活安排得和从前不一样   B. 不确定
    C. 和从前一样
30. 在一生中,我总觉得我能达到我所预期的目标:_____
    A. 是的   B. 不一定   C. 不是的
31. 当我说谎时总觉得内心羞愧,不敢正视对方:_____
    A. 是的   B. 不一定   C. 不是的
32. 假使我手里拿着一把装着子弹的手枪,我必须把子弹拿出来才能安心:_____
    A. 是的   B. 介于A、C之间   C. 不是的
33. 多数人认为我是一个说话风趣的人:_____
    A. 是的   B. 不一定   C. 不是的
34. 如果人们知我内心的成见,他们会大吃一惊:_____
    A. 是的   B. 不一定   C. 不是的
35. 在公共场合,如果我突然成为大家注意的中心,就会感到局促不安:_____
    A. 是的   B. 介于A、C之间   C. 不是的

36. 我总喜欢参加规模庞大的晚会或集会：_____
    A. 是的　　　　　　B. 介于A、C之间　　　C. 不是的
37. 在学科中，我喜欢：_____
    A. 音乐　　　　　　B. 不一定　　　　　　C. 手工劳动
38. 我常常怀疑那些出乎我意料的对我过于友善的人的动机是否诚实：_____
    A. 是的　　　　　　B. 介于A、C之间　　　C. 不是的
39. 我愿意把我的生活安排得像一个：_____
    A. 艺术家　　　　　B. 不确定　　　　　　C. 会计师
40. 我认为目前所需要的是：_____
    A. 多出现一些改造世界的理想家　　　　B. 不确定
    C. 脚踏实地的实干家
41. 有时候我觉得我需要剧烈的体力劳动：_____
    A. 是的　　　　　　B. 介于A、C之间　　　C. 不是的
42. 我愿意跟有教养的人来往而不愿意同粗鲁的人交往：_____
    A. 是的　　　　　　B. 介于A、C之间　　　C. 不是的
43. 在处理一些必须凭借智慧的事务中：_____
    A. 我的亲人表现得比一般人差　　　　　B. 普通
    C. 我的亲人表现得超人一等
44. 当领导召见我时，我：_____
    A. 觉得可以趁机提出建议　　　　　　　B. 介于A、C之间
    C. 总怀疑自己做错事
45. 如果待遇优厚，我愿意做护理精神病人的工作：_____
    A. 是的　　　　　　B. 介于A、C之间　　　C. 不是的
46. 读报时，我喜欢读：_____
    A. 当今世界的基本问题　　　　　　　　B. 介于A、C之间
    C. 地方新闻
47. 在接受困难任务时，我总是：_____
    A. 有独立完成的信心　　　　　　　　　B. 不确定
    C. 希望有别人帮助和指导
48. 在游览时，我宁愿观看一个画家的写生，也不愿听大家的辩论：_____
    A. 是的　　　　　　B. 不一定　　　　　　C. 不是的
49. 我的神经脆弱，稍有点刺激就会战栗：_____
    A. 时常如此　　　　B. 有时如此　　　　　C. 从不如此
50. 早晨起来，常感到疲乏不堪：_____
    A. 是的　　　　　　B. 介于A、C之间　　　C. 不是的
51. 如果待遇相同，我愿选做：_____
    A. 森林管理员　　　B. 不一定　　　　　　C. 中小学教员
52. 每逢过年过节或亲友结婚时，我：_____

A. 喜欢赠送礼品　　B. 不太确定　　　　　　C. 不愿相互送礼
53. 本题后列出三个数字，哪个数字与其他两个数字不同类：＿＿＿＿
　　A. 5　　　　　　B. 2　　　　　　　　　C. 7
54. 猫和鱼就像牛和：＿＿＿＿
　　A. 牛奶　　　　　B. 木材　　　　　　　　C. 盐
55. 我在小学时敬佩的老师，到现在仍然值得我敬佩：＿＿＿＿
　　A. 是的　　　　　B. 不一定　　　　　　　C. 不是的
56. 我觉得我确实有一些别人所不及的优良品质：＿＿＿＿
　　A. 是的　　　　　B. 不一定　　　　　　　C. 不是的
57. 根据我的能力，即使让我做一些平凡的工作，我也会安心的：＿＿＿＿
　　A. 是的　　　　　B. 不太确定　　　　　　C. 不是的
58. 我喜欢看电影或参加其他娱乐活动的次数：＿＿＿＿
　　A. 比一般人多　　B. 和一般人相同　　　　C. 比一般人少
59. 我喜欢从事需要精密技术的工作：＿＿＿＿
　　A. 是的　　　　　B. 介于A、C之间　　　　C. 不是的
60. 在有威望、有地位的人面前，我总是较为局促谨慎：＿＿＿＿
　　A. 是的　　　　　B. 介于A、C之间　　　　C. 不是的
61. 对于我来说，在大众面前演讲或表演是一件难事：＿＿＿＿
　　A. 是的　　　　　B. 介于A、C之间　　　　C. 不是的
62. 我愿意：＿＿＿＿
　　A. 指挥几个人工作　B. 不确定　　　　　　　C. 和同志们一起工作
63. 即使我做了一件让别人笑话的事，我也能坦然处之：＿＿＿＿
　　A. 是的　　　　　B. 介于A、C之间　　　　C. 不是的
64. 我认为没有人会幸灾乐祸地希望我遇到困难：＿＿＿＿
　　A. 是的　　　　　B. 不确定　　　　　　　C. 不是的
65. 一个人应该考虑人生的真正意义：＿＿＿＿
　　A. 是的　　　　　B. 不确定　　　　　　　C. 不是的
66. 我喜欢去处理被别人弄得一塌糊涂的工作：
　　A. 是的　　　　　B. 介于A、C之间　　　　C. 不是的
67. 当我非常高兴时，总有一种"好景不长"的感受：＿＿＿＿
　　A. 是的　　　　　B. 介于A、C之间　　　　C. 不是的
68. 在一般困难情境中，我总能保持乐观：＿＿＿＿
　　A. 是的　　　　　B. 不一定　　　　　　　C. 不是的
69. 迁居是一件极不愉快的事：＿＿＿＿
　　A. 是的　　　　　B. 介于A、C之间　　　　C. 不是的
70. 在年轻的时候，当我和父母的意见不同时：＿＿＿＿
　　A. 保留自己的意见　B. 介于A、C之间　　　　C. 接受父母的意见
71. 我希望把我的家庭：＿＿＿＿

A. 建设成适合自身活动和娱乐的地方

B. 介于 A、C 之间

C. 成为邻里交往活动的一部分

72. 我解决问题时,多借助于:_____
   A. 个人独立思考　　B. 介于 A、C 之间　　C. 和别人互相讨论

73. 在需要当机立断时,我总是:_____
   A. 镇静地运用理智　B. 介于 A、C 之间　　C. 常常紧张兴奋

74. 最近在一两件事情上,我觉得我是无辜受累的:_____
   A. 是的　　　　　　B. 介于 A、C 之间　　C. 不是的

75. 我善于控制我的表情:_____
   A. 是的　　　　　　B. 介于 A、C 之间　　C. 不是的

76. 如果待遇相同,我愿做一个:_____
   A. 化学研究工作者　B. 不确定　　　　　　C. 旅行社经理

77. 以"惊讶"与"新奇"搭配为例,认为"惧怕"与(　　)搭配:_____
   A. 勇敢　　　　　　B. 焦虑　　　　　　　C. 恐怖

78. 本题后面列出 3 个分数,哪一个数与其他两个分数不同类:_____
   A. 3/7　　　　　　　B. 3/9　　　　　　　C. 3/11

79. 不知为什么,有些人总是回避或冷淡我:_____
   A. 是的　　　　　　B. 不一定　　　　　　C. 不是的

80. 我虽然好意待人,但常常得不到好报:_____
   A. 是的　　　　　　B. 不一定　　　　　　C. 不是的

81. 我不喜欢争强好胜的人:_____
   A. 是的　　　　　　B. 介于 A、C 之间　　C. 不是的

82. 和一般人相比,我的朋友的确太少:_____
   A. 是的　　　　　　B. 介于 A、C 之间　　C. 不是的

83. 不在万不得已的情况下,我总是回避参加应酬性的活动:_____
   A. 是的　　　　　　B. 不一定　　　　　　C. 不是的

84. 我认为对领导逢迎得当比工作表现更重要:_____
   A. 是的　　　　　　B. 介于 A、C 之间　　C. 不是的

85. 参加竞赛时,我总是着重在竞赛的活动,而不计较其成败:_____
   A. 总是如此　　　　B. 一般如此　　　　　C. 偶然如此

86. 按照我个人的意愿,我希望做的工作是:_____
   A. 有固定而可靠的工资收入　　　　　　　B. 介于 A、C 之间
   C. 工资高低应随我的工作表现而随时调整

87. 我愿意阅读:_____
   A. 军事与政治的实事记载　　　　　　　　B. 不一定
   C. 富有情感的幻想的作品

88. 我认为有许多人之所以不敢犯罪,其主要原因是怕被惩罚:_____

A. 是的 B. 介于 A、C 之间 C. 不是的
89. 我的父母从来不严格要求我事事顺从：_____
    A. 是的 B. 不一定 C. 不是的
90. "百折不挠，再接再厉"的精神常常被人们所忽略：_____
    A. 是的 B. 不一定 C. 不是的
91. 当有人对我发火时，我总是：_____
    A. 设法使他镇静下来 B. 不太确定
    C. 自己也会发起火来
92. 我希望人们都要友好相处：_____
    A. 是的 B. 不一定 C. 不是的
93. 不论是在极高的屋顶上，还是在极深的隧道中，我很少感到胆怯不安：_____
    A. 是的 B. 介于 A、C 之间 C. 不是的
94. 只要没有过错，不管别人怎么说，我总能心安理得：_____
    A. 是的 B. 不一定 C. 不是的
95. 我认为凡是无法用理智来解决的问题，有时就不得不靠强权处理：_____
    A. 是的 B. 介于 A、C 之间 C. 不是的
96. 我在年轻的时候，和异性朋友交往：_____
    A. 较多 B. 介于 A、C 之间 C. 较别人少
97. 我在社团活动中，是一个活跃分子：_____
    A. 是的 B. 介于 A、C 之间 C. 不是的
98. 在人声嘈杂中，我仍能不受干扰，专心工作：_____
    A. 是的 B. 介于 A、C 之间 C. 不是的
99. 在某些心境下，我常常因为困惑陷入空想而将工作搁置下来：_____
    A. 是的 B. 介于 A、C 之间 C. 不是的
100. 我很少用难堪的语言去刺伤别人的感情：_____
     A. 是的 B. 不太确定 C. 不是的
101. 如果让我选择，我宁愿选做：_____
     A. 列车员 B. 不确定 C. 描图员
102. "理不胜词"的意思是：_____
     A. 理不如词 B. 理多而词少 C. 辞藻华丽而理不足
103. 以"铁锹"与"挖掘"搭配为例，我认为"刀子"与（ ）搭配：_____
     A. 琢磨 B. 切割 C. 铲除
104. 我在大街上，常常避开我所不愿意打招呼的人：_____
     A. 极不如此 B. 偶然如此 C. 有时如此
105. 当我聚精会神地听音乐时，假使有人在旁边高谈阔论：_____
     A. 我仍能专心听音乐 B. 介于 A、C 之间

C. 不能专心而感到恼怒

106. 在课堂上，如果我的意见与老师不同，我常常：_____
    A. 保持沉默　　　　B. 不一定　　　　　　C. 表明自己的看法

107. 我单独跟异性谈话时，总显得不自然：_____
    A. 是的　　　　　　B. 介于A、C之间　　　C. 不是的

108. 我在待人接物方面，的确不太成功：_____
    A. 是的　　　　　　B. 不完全这样　　　　C. 不是的

109. 每当做一件困难工作时，我总是：_____
    A. 预先做好准备　　　　　　　　　　　　B. 介于A、C之间
    C. 相信到时候总会有办法解决的

110. 在我结交朋友中，男女各占一半：_____
    A. 是的　　　　　　B. 介于A、C之间　　　C. 不是的

111. 我在结交朋友方面：_____
    A. 结识很多的人　　B. 不一定　　　　　　C. 维持几个深交的朋友

112. 我愿做一个社会科学家，而不愿做一个机械工程师：_____
    A. 是的　　　　　　B. 不太确定　　　　　C. 不是的

113. 如果我发现别人的缺点，我常常不顾一切地提出指责：_____
    A. 是的　　　　　　B. 介于A、C之间　　　C. 不是的

114. 我喜欢设法影响和我一起工作的同事，使他们能协助我达到所计划的目的：_____
    A. 是的　　　　　　B. 介于A、C之间　　　C. 不是的

115. 我喜欢做音乐、跳舞或新闻采访等工作：_____
    A. 是的　　　　　　B. 不一定　　　　　　C. 不是的

116. 当人们表扬我的时候，我总觉得羞愧窘促：_____
    A. 是的　　　　　　B. 介于A、C之间　　　C. 不是的

117. 我认为一个国家最需要解决的问题是：_____
    A. 政治问题　　　　B. 不太确定　　　　　C. 道德问题

118. 有时我会无故地产生一种面临大祸的恐惧：_____
    A. 是的　　　　　　B. 有时如此　　　　　C. 不是的

119. 我在童年时，害怕黑暗的次数：_____
    A. 很多　　　　　　B. 不太多　　　　　　C. 几乎没有

120. 在闲暇的时候，我喜欢：_____
    A. 看一部历史性的探险小说　　　　　　　B. 不一定
    C. 读一本科学性的幻想小说

121. 当人们批评我古怪不正常时，我：_____
    A. 非常气恼　　　　B. 有些气恼　　　　　C. 无所谓

122. 当来到一个新城市里找地址时，我常常：_____
    A. 找人问路　　　　B. 介于A、C之间　　　C. 参考地图

123. 当朋友声明她要在家休息时，我总是设法怂恿她同我一起到外面去玩：_____
    A. 是的　　　　　B. 不一定　　　　　C. 不是的
124. 在就寝时，我常常：_____
    A. 不易入睡　　　B. 介于A、C之间　　C. 极易入睡
125. 有人烦扰我时，我：_____
    A. 能不露声色　　　　　　　　　　　B. 介于A、C之间
    C. 总要说给别人听，以泄愤怒
126. 如果待遇相同，我愿做一个：_____
    A. 律师　　　　　B. 不确定　　　　　C. 航海员
127. "时间变成了永恒"这是比喻：_____
    A. 时间过得快　　B. 忘了时间　　　　C. 光阴一去不复返
128. 本题后的哪一项应接在 "×0000××00×××" 的后面
    A. ×0×　　　　　B. 00×　　　　　　　C. 0××
129. 我不论到什么地方，都能清楚地辨别方向：_____
    A. 是的　　　　　B. 介于A、C之间　　C. 不是的
130. 我热爱我所学的专业和所从事的工作：_____
    A. 是的　　　　　B. 不一定　　　　　C. 不是的
131. 如果我急于想借朋友的东西，而朋友又不在家时，我认为不告而取也没有关系：_____
    A. 是的　　　　　B. 介于A、C之间　　C. 不是的
132. 我喜欢给朋友讲述一些我个人有趣的经历：_____
    A. 是的　　　　　B. 介于A、C之间　　C. 不是的
133. 我宁愿做一个：_____
    A. 演员　　　　　B. 不确定　　　　　C. 建筑师
134. 业余时间，我总是做好安排，不使时间浪费：_____
    A. 是的　　　　　B. 介于A、C之间　　C. 不是的
135. 在和别人交往中，我常常会无缘无故地产生一种自卑感：_____
    A. 是的　　　　　B. 介于A、C之间　　C. 不是的
136. 和不熟识的人交谈，对我来说：_____
    A. 毫不困难　　　B. 介于A、C之间　　C. 是一件难事
137. 我所喜欢的音乐是：_____
    A. 轻松活泼的　　B. 介于A、C之间　　C. 富有感情的
138. 我爱想入非非：_____
    A. 是的　　　　　B. 不一定　　　　　C. 不是的
139. 我认为未来20年的世界局势，定将好转：_____
    A. 是的　　　　　B. 不一定　　　　　C. 不是的
140. 在童年时，我喜欢阅读：_____

A. 神话幻想故事　　B. 不确定　　　　　　C. 战争故事

141. 我向来对机械、汽车等发生兴趣：_____
　　　A. 是的　　　　　B. 介于A、C之间　　C. 不是的

142. 即使让我做一个缓刑释放的罪犯的管理人，我也会把工作搞得很好：_____
　　　A. 是的　　　　　B. 介于A、C之间　　C. 不是的

143. 我仅仅被认为是一个能够苦干而稍有成就的人而已：_____
　　　A. 是的　　　　　B. 介于A、C之间　　C. 不是的

144. 就是在不顺利的情况下，我仍能保持精神振奋：_____
　　　A. 是的　　　　　B. 介于A、C之间　　C. 不是的

145. 我认为节制生育是解决经济与和平问题的重要条件：_____
　　　A. 是的　　　　　B. 不太确定　　　　C. 不是的

146. 在工作中，我喜欢独自筹划，不愿受别人干涉：_____
　　　A. 是的　　　　　B. 介于A、C之间　　C. 不是的

147. 尽管有的同志和我的意见不和，但仍能跟她搞好团结：_____
　　　A. 是的　　　　　B. 介于A、C之间　　C. 不是的

148. 我在工作和学习上，总是使自己不粗心大意，不忽略细节：_____
　　　A. 是的　　　　　B. 介于A、C之间　　C. 不是的

149. 在和人争辩或险遭事故后，我常常表现出震颤、筋疲力尽，不能安心工作：_____
　　　A. 是的　　　　　B. 介于A、C之间　　C. 不是的

150. 未经医生处方，我是从不乱吃药的：_____
　　　A. 是的　　　　　B. 介于A、C之间　　C. 不是的

151. 根据我个人的兴趣，我愿意参加：_____
　　　A. 摄影组织活动　B. 不确定　　　　　C. 文娱队活动

152. 以"星火"与"燎原"搭配为例，我认为"姑息"与（　　）搭配：_____
　　　A. 同情　　　　　B. 养奸　　　　　　C. 纵容

153. "钟表"与"时间"的关系，犹如"裁缝"与（　　）的关系：_____
　　　A. 服装　　　　　B. 剪刀　　　　　　C. 布料

154. 生动的梦境，常常干扰我的睡眠：_____
　　　A. 经常如此　　　B. 偶然如此　　　　C. 从不如此

155. 我爱打抱不平：_____
　　　A. 是的　　　　　B. 介于A、C之间　　C. 不是的

156. 如果我要到一个新城市，我将要：_____
　　　A. 到处闲逛　　　B. 不确定　　　　　C. 避免去不安全的地方

157. 我爱穿朴素的衣服，不愿穿华丽的服装：_____
　　　A. 是的　　　　　B. 不太确定　　　　C. 不是的

158. 我认为安静的娱乐远远胜过热闹的宴会：_____
    A. 是的　　　　　B. 不太确定　　　　　C. 不是的

159. 我明知自己有缺点，但不愿接受别人的批评：_____
    A. 偶然如此　　　B. 极少如此　　　　　C. 从不如此

160. 我总是把"是，非，善，恶"作为处理问题的原则：_____
    A. 是的　　　　　B. 介于A、C之间　　　C. 不是的

161. 当我工作时，我不喜欢有许多人在旁边参观：_____
    A. 是的　　　　　B. 介于A、C之间　　　C. 不是的

162. 我认为，侮辱那些即使有错误但有文化教养的人，如医生、教师等也是不应该的：_____
    A. 是的　　　　　B. 介于A、C之间　　　C. 不是的

163. 在各种课程中，我喜欢：_____
    A. 语文　　　　　B. 不确定　　　　　　C. 数学

164. 那些自以为是、道貌岸然的人使我生气：_____
    A. 是的　　　　　B. 介于A、C之间　　　C. 不是的

165. 和循规蹈矩的人交谈：_____
    A. 很有兴趣，并有所收获的　　　　　B. 介于A、C之间
    C. 他们的思想简单，使我太厌烦

166. 我喜欢：_____
    A. 有几个有时对我很苛求但富有感情的朋友　　B. 介于A、C之间
    C. 不受别人的干扰

167. 如果征求我的意见，我赞同：_____
    A. 切实制止精神病患者和智能低下的人生育　　B. 不确定
    C. 杀人犯必须判处死刑

168. 有时我会无缘无故地感到沮丧，痛哭：_____
    A. 是的　　　　　B. 介于A、C之间　　　C. 不是的

169. 当和立场相反的人争辩时，我主张：_____
    A. 尽量找出基本概念的差异　　　　　B. 不一定
    C. 彼此让步

170. 我一向重感情而不重理智，因而我的观点常常动摇不定：_____
    A. 是的　　　　　B. 不一定　　　　　　C. 不是的

171. 我的学习多赖于：_____
    A. 阅读书刊　　　B. 介于A、C之间　　　C. 参加集体讨论

172. 我宁愿选择一个工资较高的工作，不在乎是否有保障，而不愿做工资低的固定工作：_____
    A. 是的　　　　　B. 不一定　　　　　　C. 不是的

173. 在参加讨论时，我总是能把握自己的立场：_____
    A. 经常如此　　　B. 一般如此　　　　　C. 必要时才如此

174. 我常常被一些无所谓的小事所烦扰：_____
    A. 是的　　　　　B. 介于 A、C 之间　　　　C. 不是的

175. 我宁愿住在嘈杂的闹市区，而不愿住在僻静的地区：_____
    A. 是的　　　　　B. 不太确定　　　　　　　C. 不是的

176. 下列工作如果任我挑选的话，我愿做：_____
    A. 少先队辅导员　B. 不太确定　　　　　　　C. 修表工作

177. 一人（　）事，人人受累：_____
    A. 债　　　　　　B. 愤　　　　　　　　　　C. 喷

178. 望子成龙的家长往往（　）苗助长：_____
    A. 揠　　　　　　B. 堰　　　　　　　　　　C. 偃

179. 气候的变化并不影响我的情绪：_____
    A. 是的　　　　　B. 介于 A、C 之间　　　　C. 不是的

180. 因为我对一切问题都有一些见解，所以大家都认为我是一个有头脑的人：_____
    A. 是的　　　　　B. 介于 A、C 之间　　　　C. 不是的

181. 我讲话的声音：_____
    A. 洪亮　　　　　B. 介于 A、C 之间　　　　C. 低沉

182. 一般人都认为我是一个活跃热情的人：_____
    A. 是的　　　　　B. 介于 A、C 之间　　　　C. 不是的

183. 我喜欢做出差机会较多的工作：_____
    A. 是的　　　　　B. 介于 A、C 之间　　　　C. 不是的

184. 我做事严格，力求把事情办得尽善尽美：_____
    A. 是的　　　　　B. 介于 A、C 之间　　　　C. 不是的

185. 在取回或归还所借的东西时，我总是仔细检查，看是否保持原样：_____
    A. 是的　　　　　B. 介于 A、C 之间　　　　C. 不是的

186. 我通常是精力充沛，忙碌多事：_____
    A. 是的　　　　　B. 不一定　　　　　　　　C. 不是的

187. 我确信我没有遗漏或漫不经心地回答上面的任何问题：_____
    A. 是的　　　　　B. 不确定　　　　　　　　C. 不是的

【评分标准】
理论

1. 先检查有无明显错误及遗漏。

2. 三级记分：0、1、2。但敏锐性（因素 B）是 2 级记分。

3. 原始分 → 标准 10 分制 → 剖面图。

除敏锐性（B）量表的测题外，其他各分量表的测题无对错之分，每一测题各有 A、B、C 三个答案，可按 0、1、2 三等记分（B 量表的测题有正确答案，采用二级记分，答对给分 1 分，答错给 0 分）。使用计分模板得出各因素的原始分，再将原始分按常模表换算成标准分。这样即可依此分得出受测者的人格因素轮廓图，也可以此分去评

价受测者的相应人格特点。或由计算机进行评分，抄录计算机评分结果。

计分规则

总共有187道题，1、2、187题不计分。

卡特尔16种人格因素测验每个题目都有三个备选项。A、B、C分别对应0、1、2或2、1、0分（敏锐性对的得1分，错的得0分）。16种因素每种分别对应的是哪些题，把对应分数相加得到的就是原始分数了。用标准十分法转换成标准分数。

【敏锐性】28. B 53. B 54. B 77. C 78. B 102. C 103. B 127. C 128. B 152. B 153. C 177. A 178. A

【其他】选B均加1分，选以下对应的选项加2分，否则得0分

3. A 4. A 5. C 6. C 7. A 8. C 9. C 10. A 11. C 12. C 13. A 14. C
15. C 16. C 17. A 18. A 19. C 20. A 21. A 22. C 23. C 24. C 25. A
26. C 27. C 29. C 30. A 31. C 32. C 33. C 34. C 35. C 36. A 37. A
38. A 39. A 40. A 41. C 42. A 43. A 44. C 45. C 46. A 47. C 48. C
49. A 50. A 51. C 52. C 55. C 56. C 57. C 58. C 59. C 60. C 61. C
62. C 63. C 64. C 65. C 66. C 67. C 68. C 69. A 70. A 71. C 72. C
73. A 74. A 75. C 76. C 77. C 78. C 79. C 80. C 81. C 82. C 83. C
84. C 85. C 86. C 87. C 88. C 89. C 90. C 91. C 92. C 93. C 94. C
95. C 96. C 97. C 98. A 99. A 100. A 101. A 102. A 103. A 104. A
105. A 106. C 107. A 108. A 109. A 110. A 111. A 112. A 113. A
114. A 115. A 116. A 117. A 118. A 119. A 120. C 121. C 122. C
123. C 124. A 125. C 126. A 129. C 130. A 131. C 132. A 133. A
134. A 135. C 136. A 137. C 138. A 139. C 140. A 141. C 142. A
143. A 144. C 145. C 146. A 147. A 148. A 149. A 150. A 151. C
154. C 155. A 156. A 157. C 158. A 159. C 160. A 161. A 162. C
163. A 164. C 165. C 166. C 167. C 168. A 169. A 170. C 171. A
172. C 173. A 174. A 175. C 176. A 179. A 180. A 181. A 182. A
183. A 184. A 185. A 186. A

【以下是16种人格因素所对应的题目】A：3, 26, 27, 51, 52, 76, 101, 126, 151, 176

B：28, 53, 54, 77, 78, 102, 103, 127, 128, 152, 153, 177, 178, 180

C：4, 5, 29, 30, 55, 79, 80, 104, 105, 129, 130, 154, 179

E：6, 7, 31, 32, 56, 57, 81, 106, 131, 155, 156, 180, 181

F：8, 33, 58, 82, 83, 107, 108, 132, 133, 157, 158, 182, 183

G：9, 34, 59, 84, 109, 134, 159, 160, 184, 185

H：10, 35, 36, 60, 61, 85, 86, 110, 111, 135, 136, 161, 186

I：11, 12, 37, 62, 87, 112, 137, 138, 162, 163

L：13, 38, 63, 64, 88, 89, 113, 114, 139, 164

M：14，15，39，40，65，90，91，115，116，140，141，165，166
N：16，17，41，42，66，67，92，117，142，167
O：18，19，43，44，68，69，93，94，118，119，143，144，168
Q1：20，21，45，46，70，95，120，145，169，170
Q2：22，47，71，72，96，97，121，122，146，171
Q3：23，24，48，73，98，123，147，148，172，173
Q4：25，49，50，74，75，99，100，124，125，149，150，174，175

注意事项
1. 人格测验无所谓对错。
2. 确保每一测题只选择一个答案，没有遗漏任何测题，尽量不选择中性答案。

第 7 章
评价中心

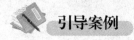

某部门高级公务员选拔测评的案例[①]

某部门属于政府的专业经济管理部门,为适应市场经济体制建设和政府机构改革的需要,2000 年在本系统内采用评价中心技术公开选考 3 名副司(局)长。这一新举措刚刚在新闻媒体上公布,就引起了社会各界的极大兴趣和关注。经严格的资格审查,确定了 30 名被测人员,与选考职位的比例为 10∶1,他们中有地方局长、研究所所长、大学教授、博士和博士后。

根据人员素质测评的原理和该专业经济管理部门的实际情况,该部门和有关部门对空缺的 3 个副司(局)长的职位和工作进行深入分析与比较,确定测评内容以共性要求为基础,强调综合素质和发展潜力,同时兼顾特殊要求,做到公平性和针对性统一,"以用为考"和保证质量统一,测评方法突出系统性、综合性、应用国际上中高级管理人员测评中通用的、被公认最有效的评价中心技术,全面系统地模拟副司(局)长的典型工作环境,给应试人员搭台展示自己的素质和能力,给考官提供尺子,使之全面、深刻、客观地了解和评价应试人员。结合系统实际的评价中心技术包括公共基础知识笔试、专业知识笔试、无领导小组讨论、公文筐测试、结构化面试、工作汇报情境模拟、管理角色自我认知、考核等层次和环节,最终综合择优。

测评分两个阶段进行。第一阶段主要进行笔试和无领导小组讨论,6 天时间安排 2 场知识性笔试,1 场心理测验,4 组无领导小组讨论,2 场公文筐测验,13 人次的结构化面试和工作汇报情境模拟。公共基础知识笔试,主要测试应试人员政治、法律、行政学、应用文及公文写作与处理、领导科学等方面的基本知识素养与应用知识分析解决问题的能力。测试内容覆盖面广,题型灵活多样,对应试人员是否具备自我提高的能力,在日常工作和生活中是否注意积累知识,是个很好的检验。专业知识笔试因 3 个副司

---

① 摘自:徐升. 人才测评. 北京:企业管理出版社,2000.

(局)长的职位要求不同,试卷的内容不同,测试应试人员胜任特定职位和工作的专业知识及能力。无领导小组讨论,通过模拟小组讨论了解应试人员领导能力、人际交往能力、全局观念、工作责任心和进取心等方面的素质。公文筐测试,通过模拟副司(局)长处理公文的典型活动,测试应试人员分析、解决问题的能力,日常管理技能和个人工作效能。结构化面试,采用行为性、情景和智能性题目,全面测评应试人员组织计划协调能力、合作与沟通能力、变革创新与管理能力、言语表达能力、举止仪表、求职动机与拟任职位的匹配性,其中多数项目与一般公务员录用测评相同,但要求不同。工作汇报情境模拟,要求应试人员在很短的时间内阅读分析概括大量文件、资料,然后立即向上级汇报其工作思路和具体安排,以了解应试人员的政策理论水平、分析概括能力、用人授权能力、讲演能力、压力之下高效率工作能力等。管理角色自我认知测验,了解应试人员在管理活动中的个性风格及作用,有利于更好地搭配管理班子的成员。第一阶段结束后,每位应试人员都要有全面的分数报告、能力剖析图及管理风格的描述,表明各位应试人员的素质能力情况和应试人员之间的相对差距,经部门领导决策淘汰了15人,选出15人进入第二阶段。第二阶段主要是考核,综合择优选拔,该部门组织两个考核组,对15人都进行广泛深入的考核,按要求形成考核组考核材料,综合择优后拟定了3人选取,按管理权限报有关部门审批。

对采用评价中心技术公开选考副司(局)长的效果,各个方面评价很高,是满意的。从测评的最终效果看,应试人员的测评数据与考核结论不谋而合,相互补充和印证,充分说明评价中心的系统测评具有很高的实证效果。为领导和任命机关提供了翔实、科学的依据。对此,应考人员认为这样选拔测评内容结构合理,方法程序合理,结果公正,不仅重知识、表现,而且也重潜力、发展,为应试人员提供了检验自己素质能力的机会,为基层干部提供了崭露头角的机会,这是考察干部的一个新路子、新方法,是以往见过的其他考试无法相比的。该部门领导认为,这种测评方法不是简单的考试,而是全面深入了解管理干部能力的好办法。上级部门建议认真总结、推广这样的好办法,发展科学有效的管理干部选拔技术。

【思考题】

1. 某部门如何运用评价中心这种测评方法来进行副司(局)级干部的选拔?并讨论为什么在此测评过程中,评价中心的信度和效度都较高,得到了方方面面的好评。

2. 请分析讨论评价中心这种测评方法的适用范围,在具体设计评价中心时应注意哪些参数的选取。

7.1 评价中心概述

7.1.1 评价中心定义

评价中心测评法是将各种不同的素质测评方法相互结合在一起的一种新型人员素质测评技术。它是通过创设一种逼真的模拟管理系统或工作场景,将被试纳入该环境系统中,使其完成系统环境下对应的各种工作,如主持会议、处理公文、进行决策、处理各种日常事务和突发事件等。在这个过程中,主试采用多种测评技术和方法,观察和分析被试在模拟的各种情境压力下的心理、行为、表现以及工作绩效,以测量评价被试的管理能力和潜能等素质。评价中心的最主要特点是它的情景模拟性。

评价中心是一种以测评被测人员管理素质为中心、标准化的一组评价活动,它是一种程序而不是一种具体的方法,通过创设一种逼真的模拟管理系统或工作场景,将被试纳入该环境系统中,使其完成系统环境下对应的各种工作,如主持会议、处理公文、进行决策、处理各种日常事务和突发事件等。

7.1.2 评价中心特点

1. 情境模拟性

它是通过多种情境模拟测评形式观察被试特定行为的方法。这些情境模拟包括写市场问题分析报告,发表口头演说,处理一些信件与公文,处理某个用户产品质量投诉问题等。它如实地模拟特定的工作条件和环境,并在特定的工作情景和压力下实施测评。测得的结果不仅有一般的心理素质,而且有管理人员解决问题的实际动手能力。

2. 综合性

这是针对评价中心的技术运用而言的。评价中心的突出特点之一是:它综合运用多种测评技术与手段,使用心理测验、笔试、面试、公文处理、小组讨论、管理游戏、角色扮演等测评技术。在测评中经常是综合运用、取长补短、互相补充,使评价中心测评的效度与信度大大提高,有关研究表明,其预测效度系数时常在 0.6 以上。

3. 全面性

这主要是对评价中心的测评内容而言的。由于评价中心采用多种测评技术,不仅能够很好地测评被测人的实际工作能力,而且还可以测评其他方面的各种素质和能力。例如,美国电话电报公司测评中心的测评项目有 25 项:组织和计划能力、决策能力、创造力、人际关系技能、行为的灵活性、个人影响力、对事物变化的忍受力、应变能力、学术能力、兴趣广泛性、内在工作标准、工作绩效、口头表达能力、社会角色知觉能力、自我认识的客观性、精力、期望的现实性、价值取向、社会目标、成长的需要、忍受延迟报酬的能力、上级认可的需要、同事认可的需要、目标的灵活性、安全需要。

4. 整体的互动性

主试对被试的测评,大多数是置于群体互动之中进行比较性的整体测评。对于每项素质的测评,不是进行抽象的分析,而是将对象置于动态的观察之中,联系活生生的行为举动作出评价。通过不断地对被试发出该环境下各种变化的信息,要求其在一定时间内和一定的情境压力下作出决策,在动态的环境中充分展示自己的能力和素质。主试同时在这个动态过程中对被试作出评价。

5. 可靠性

这主要是针对测评的结果而言的。测评中心往往选用多种方式和技术对被试进行多次测评,并由多个不同的主试小组成员分别给予评价。这样可以减少因被试水平发挥不正常或少数主试评价偏差而导致测评结果失真的可能性,使"一次测评定命运"的不公平现象有所下降。另外,评价中心不仅仅只满足测验过程中收集得到的信息,还在测验后请被试说明测验时的想法及处理问题的理由,从而获得更多的信息。

6. 预测性

这是就评价中心的功能而言的。评价中心主要是对管理人员进行管理能力与绩效观测,因此它的测评内容主要是管理人员的管理素质与潜能。模拟是为尚未进入高层次的人员提供一个发挥其才能与潜力的机会,因此它对测量与评价人员的素质和能力具有一定的预测作用,可以为将来选拔和使用人才提供最重要的参考依据。并且,评价中心集测评与培训功能于一体,为准确预测被试发展前途,并有重点地进行培养训练提供了较为有效的手段和途径。评价中心的预测结果与事实的吻合程度远远高于其他测评方法。

7.2 评价中心测评的主要形式

从测评的主要方式来看,有投射测验、面谈、情境模拟、能力测验等;但从评价中心活动来看,主要有公文筐测验、无角色小组讨论、管理游戏、角色扮演、有角色小组讨论、演讲、案例分析、事实判断、面试等形式,各种评价中心形式使用频率见表7-1。

表7-1 各种评价中心形式使用频率

复杂程度	评价中心形式名称	实际运用频率/%
更复杂 ↓ 更简单	管理游戏	25
	公文筐测验	81
	角色扮演	没有调查
	有角色小组讨论	44
	无角色小组讨论	59
	演讲	46
	案例分析	73
	事实判断	38
	面试	47

7.2.1 公文筐测验

1. 定义

公文筐测验是对实际工作中管理人员掌握和分析资料、处理各种信息以及作出决策的工作活动的抽象和集中。该方法是将被试置于特定职位或管理岗位的模拟环境中，由主试提供该岗位经常需要处理的一批随机排列、杂乱的文件，包括电话记录、请示报告、上级主管的指示、待审批签发的文件、统计资料和报表、备忘录、各种函件、建议、抱怨、投诉等与工作有关的各种资料。它们是根据该岗位经常会遇到的，分别来自上级和下级，组织内部和组织外部的各式各种典型问题而设计的，包括日常琐事和重要大事的处理。所有这些文件，都要求在2～3小时内完成（美国电话电报公司要求3小时内处理25件公文）。处理完后，还要求被试填写行为理由问卷，说明自己这样处理的理由。主试根据被试处理公文的质量、效率、轻重缓急的判断，以及工作中的表现等对被测人的分析判断能力、组织与计划能力、决策能力、心理承受能力和自控力等管理才能进行评价。

2. 测验目的

公文筐测验模拟一个公司所发生的实际业务和管理环境，并提供给受测人员一些必要的工作信息，包括财务、人事、市场、政府公文、客户关系等材料。这些材料通常是放在公文筐中的，公文筐测验因此而得名。它为中、高层管理人员的选拔、考核、培训提供了一个具有较高信度和效度的测评手段，为企业的高层人力资源计划和组织设计提供了科学可靠的信息。

3. 适用对象

该测验主要考查管理者从事管理活动时正确地处理普遍性的管理问题，有效地履行主要管理职能所具备的能力，其适用对象为具有较高学历的人或企业的中、高层管理者。

4. 维度定义

1）工作条理性

考查被试在一定的管理情境下，对所给公文材料进行轻重缓急的判断并能有条有理地进行处理的能力。

得分高的被试能有条不紊地处理各种公文和信息材料，能根据信息的性质和轻重缓急对信息进行准确的分类，能注意到不同信息间的关系，能有效地利用人、财、物、信息资源，并有计划地安排工作。

2）计划能力

考查被试根据信息的不同性质，提出解决问题的方案和事先安排分配工作的能力。

得分高的被试能在充分考虑时间、成本、顾客关系等条件下，根据问题的性质对工作的细节、策略、方法做出合理的规划，提出切实可行的方案以解决问题，并能事先安排和分配好下属员工的工作。

3）预测能力

该维量考查三部分内容：预测的质量、所依据的因素、可行性分析。

得分高的被试能全面系统地考虑和分析环境中各种相关因素，进行合乎逻辑的预测，并就预测提出行之有效的实施方案。

4）决策能力

该维量考查包括三部分内容：决策的质量、实施的方案、影响因素。

得分高的被试对复杂问题能进行慎重的剖析，能灵活地搜索各种解决问题的途径，并做出合理的评估；对各种方案的结果有着清醒的判断，从而提出高质量的决策意见。

评价决策时，要细察决策背后的理性成分，考查被试是否考虑了短期和长期后果，是否考虑了各种备选方案的优缺点。

5）沟通能力

要求被试设计公文，撰写文件或报告，用书面形式有效地表达自己的思想和意见。根据评估内容，考查被试者的思路清晰度、意见连贯性、措辞恰当性及文体适应性。

得分高要求语言非常流畅，文体风格与情境相适应，能根据不同信息的重要性分析处理，结构性很强，考虑问题很全面，能提出有针对性的论点，熟悉业务的各个领域。

7.2.2 无领导小组讨论

1. 定义

无领导小组又称无主持人讨论，是评价中心常用的一种无角色群体自由讨论的测评形式。它是把被试按一定的人数编为一个小组，不确定会议主持人，指定重点发言，不布置会议议程，不提出具体要求，根据主试提出的真实或假设的材料，如有关文件、资料、会议记录、统计报表等资料，就某一指定题目进行自由讨论，如业务问题、财务问题或人事安排问题，或社会热点问题等，要求小组能形成一致意见，并以书面形式汇报。在测评过程中，被试不但要迅速了解掌握工作的背景、资料，熟悉工作本身的内容，并且分析、讨论、综合他人意见，引导小组形成统一认识。这种讨论通常在一特定会议室中进行，室内有会议圆桌一张，座椅数把，房间中一面墙上装有单向透光的玻璃镜子，从被试的方向望去，它是一面不透光的幕墙，有时还在室内暗处安装监视系统。主试在隔壁房间中，透过玻璃或通过闭路监视系统在电视屏幕上观察被试的表现，看谁具有组织领导能力，谁驾驭或实际主持了整个会议、控制了会场，谁提出或集中了正确的意见，并说服了他人，达到一致决议。为了增加情景压力，考查被试思维敏捷性、应变和适应能力、心理承受能力，主试还每隔一段时间，给讨论小组发布一些有关各种变化的信息，甚至宣布刚刚作出的决策或决定已不适用，要求改变；迫使小组不断重新讨论改变方案，尽快做出新的决策。由于事态紧急，情况多变，压力增大，主试根据自己观察的每个被试在讨论中的表现，依据一定的标准，分别对其组织能力、决策能力、控制能力、分析判断能力、个人影响能力、口头表达能力和说服力、人际交往能力、反应和应变能力等素质进行评价。然后，各主试之间进一步交流意见，对被试各方面的素质做出客观全面的评价，并预测被测的发展潜力。

小组讨论的形式有两种：一是角色指定形式，二是角色自由讨论形式。前者的代表是有领导小组讨论,后者的代表是无领导小组讨论。

有关研究表明,无领导小组对于管理者集体领导技能评价非常有效,尤其适用于测评分析问题、解决问题及决策等具体领导者的素质。然而,无领导小组讨论也有不足之处。例如,组与组之间由于人员素质不同、气氛不同,有时难以比较。再者,无领导小组讨论与实际情况不符,实际中都是有领导小组讨论。因此,无领导小组讨论的效度、信度没有保证。

2. 测验的目的

无领导小组是安排一组互不相识的被试(通常为6~8人)组成一个临时任务小组,但并不指定任务负责人,请大家就给定的任务(讨论题)进行一定时间的自由讨论,并拿出小组意见。其目的在于通过模拟团队环境,考查被试的个人品质、社交能力、团队合作能力、领导能力和领导意识,尤其是看谁会脱颖而出,成为自发的领导者,从而诊断被试是否适合胜任某一管理职位。

3. 适用对象

无领导小组讨论常用于选择管理人员,它的适用对象为具有领导潜质的人或某些特殊类型的人群(如营销人员),可以从中择优选拔企业所需的优秀人才。

4. 测验的构成

本测验选取组织行为、洞察力、倾听、说服力、感染力、团队意识、成熟度7个测量维度进行测评。整个讨论可分三个阶段:第一阶段,由主试宣读试题,被试了解试题,独立思考,列出发言提纲;第二阶段,由被测轮流发言,阐述自己的观点;第三阶段,被试交叉辩论,不但继续阐明自己的观点,还要对别人的观点提出不同的意见,最后达成协议。无领导小组讨论的讨论题一般都是智能性的题目,从形成上来看,可以分为5种。

1)开放式问题

它主要用于考查被试思考问题是否全面,是否有针对性,思路是否清晰,它的答案范围可以很广。例如,你认为什么样的领导是好领导?

2)两难问题

让被试在互有利弊的答案中选择其中一种,主要考查受测人的分析能力、语言表达能力及说服力。例如,你认为是以工作为取向的领导是好领导,还是以人为取向的领导是好领导?

3)多项选择问题

让被试从多种备选答案中选择其中有效的几种或对备选答案的重要性进行排序。主要考查被试分析问题实质、抓住问题本质方面的能力。

4)操作性问题

给被试一些材料工具或道具,让他们利用这些材料按主试的要求制作出某种物体。

主要考查被试的主动性、合作能力及实际操作能力。

5) 资源争夺问题

让处于同等地位的被试就有限的资源进行分配，从而考查被试的语言表达能力、分析问题能力、发言的积极性和反应的灵敏性等。例如，让被试担任各个部门的经理，并就有限数量的资金进行分配。

5. 测验的特点

（1）具有生动的人际互动性，能观察到被试的相互反应。
（2）能看到许多笔试和面试看不到的现象，检测出笔试和单一面试所不能检测出的能力或素质。
（3）是一种对被试进行集体测试的方法。
（4）被试存在做戏、表演或者伪装的可能。

6. 维度定义

1) 组织行为

主要考查被试在小组讨论中是否主动发言，阐述自己的观点，以及能否顾全大局，积极主动地请他人发言，并向他人提出疑问，及时纠正跑题，使讨论继续进行下去，是否能够针对大家的观点，适时概括、总结，并拿出一致性的意见。

2) 洞察力

又称智慧能力。主要考查被试在讨论中是否能针对题目，提出新颖、独到的观点或见解，在阐述自己观点时能旁征博引、引经据典，对题目分析透彻，并收集证据来支持自己的观点。洞察力还体现在及时洞察他人谈话的漏洞，并加以补充和注释。

3) 倾听

主要考查被试是否专心聆听他人的见解，并及时与他人进行沟通（如面部表情、点头、摇头等）。倾听是小组讨论中一个很重要的测量维度。好的领导者（管理者）能很好地倾听下属或他人的谈话。

4) 说服力

主要考查被试表述论点的口才和逻辑性。口才指的是发言的流畅性、语调、语速适宜，有婉转性及抑扬顿挫感等；逻辑性是发言不跑题，有针对性，论点与论据间推理严密。小组讨论不但要求被试发言，提出自己的观点，最后还要拿出一致性的结论，这说明了说服力的重要性。

5) 感染力

主要考查被试通过语言或行为引起他人相同的思想感情的能力。对于一名领导（管理者）来说，感染力是很重要的。在小组讨论中，这个维度能淋漓尽致地表现出来。它包括很多方面，如语调、体态、手势等。

6）团队意识

主要考查被试与他人合作的能力及其集体荣誉感的大小，小组讨论要求被试密切合作，拿出一致性的意见。因此，被试要注意角色定位，不能在讨论中以自我为中心，而忽视了整个团队。

7）成熟度

成熟度是对被试的总体把握。如在讨论中，与他人交谈时显示出的成熟风度，它一般与工龄、工作经验成正比。

7.2.3 管理游戏

管理游戏也是评价中心常用的方法之一。

在这种活动中，小组成员各被分配一定的任务，必须合作才能较好地完成。在这种测评中，主试使被试置身于一个模拟的环境中，面临一些管理中常常遇到的现实问题，要求他们想方法去解决。例如，以总经理的身份去处理经营中的难题，进行人事安排；或是作为谈判代表与别人进行商业谈判的模拟练习。有些管理游戏中包括劳动力组织与划分和动态环境相互作用及更为复杂的决策过程。通过被试在完成任务的过程中所表现出来的行为来测评被试的素质，有时还伴以小组讨论。

由此看来，管理游戏是一种以完成某种"实际工作任务"为基础的标准化模拟活动，通过活动观察被试实际的管理能力。其优点在于：首先，它能够突破实际工作情境时间与空间的限制；其次，它具有趣味性；最后，它具有认知社会关系的功能。其缺点在于：被试专心于战胜对方从而忽略对所应掌握的一些管理原理的学习；压抑了被试的开创性，因为富有开创性精神的经理，会在游戏中遭受经济上的惩罚或亏本；操作不便于观察，且花费时间。

7.2.4 角色扮演

主要用以测评人际关系处理能力的情境模拟活动。在这种活动中，主试设置了一系列尖锐的人际矛盾与人际冲突，要求被试扮演某一角色并进入角色情境去处理各种问题和矛盾。主试通过对被试在不同角色情境中表现出来的行为进行观察和指导，测评其素质潜能。主试对角色扮演中各种角色的评价，应事先设计好表格。一般评价的内容分为4个部分。

（1）角色的把握性。被试是否能迅速地判断形势并进入角色情境，按照角色规范的要求去采取相应的对策行为。

（2）角色的行为表现。包括被试在角色扮演中所表现出的行为风格、价值观、人际倾向、口头表达能力、思维敏捷性、对突发事件的应变性等。

（3）角色的衣着、仪表与言谈举止是否符合角色及当时的情境要求。

（4）其他内容。包括缓和气氛、化解矛盾技巧、达到目的的程度、行为策略的正确性、行为优化程度、情绪控制能力、人际关系技能等。

7.3 评价中心的设计

如何设计与应用评价中心，这是学习与掌握评价中心法的关键，涉及情境设计、应用目的选择与操作程序等问题。

7.3.1 情境设计中的注意要点

1. 相似性

相似性是要求所设计的情境要与拟聘职位的实际工作具有相似性。具体表现在素质、内容与条件三个方面的相似上。素质相似是指情境模拟中所测的素质要与实际工作中经常需要的工作素质相一致；内容相似是指情境模拟中被试所要完成的活动与实际工作的内容一致；条件相似是指情境模拟中被试所拥有的工作条件与实际工作中人们所拥有的工作条件相一致。如调研模拟，只给被试一个调研任务，而对于调研途径、方法及调研对象不予给定，这与实际工作中调研情形是一致的，使被试有一种"现实感"。

2. 典型性

一是指所模拟的情境是被试未来任职中最主要、最关键的内容，而不是那些次要的、偶然的事情；二是所设计情境，不是原原本本从实际工作中节选一段，而是把实际工作情形中多种主要的与关键的——最具代表性的情形，归纳、概括、集中在一起，使本来不同时间、不同情形下发生的事情集中在一起出现。

3. 逼真性

逼真性是指所设计的情境，在环境布置、气氛渲染与评价要求等方面都必须与实际相仿，否则情境模拟就失去了它的测评价值。逼真与真实还是有一段距离的，这是指所设计的情境是根据一定工作原型与生活规律经过加工创造的"情境"。它们来源于工作实践，受实践规律的制约，是一种相对的"真实"，而非绝对上的真实，是现实的写照而非现实的摄照。

4. 主题突出

虽然所模拟的情境一般包括多种活动，要测评被试的数种素质，但这并非等于说所有这些活动主次不分，杂乱无章，整个情境设计应该使被试的行为活动围绕一根"主线"进行，突出表现所测评的素质，不要让一些不相干或相干不大的细节浪费了宝贵的测评时间。

立意高、开口小、挖掘深、难度适当。即要求所设计的情境立意要从大处着眼，从素质的宏观结构与深层次内涵出发，根基要深，使整个情境模拟的每一步都有根有据，可以考查较复杂的素质；但是留给被试问题的入口要具体一些、小一些，使被试可以从小处着手，不会感到漫无边际，无从下手。问题的开口要小一些，要求有一定的弹性，水平高的被试可以深挖，水平低的可以浅挖。问题不是所有的被试都一下子就能回答的，而是"仁者显仁、智者显智、能者显能、劣者显劣"。情境设计要看似容易，深入难，不同水平的被试都能有所领悟，有所表现，而优秀的被试也能脱颖而出。

7.3.2 操作程序

这里所介绍的操作程序是针对主试来说的，是一种具体的操作程序，不是针对整个评价中心组织与实施的操作程序。

1. 观察被试的行为表现

每位主试一般要观察评定1~2个被试的行为表现。每个被试由3位主试观察评定。例如，在情境模拟A中，被试由主试A评价；在情境模拟B中，由主试B评价；在情境模拟C中，被试由主试C评价。其余以此类推。观察评定要求每个主试用客观性的语言描述所观察到的具体行为现象，不允许作解释。观察评定的内容一般规定为与所要测评素质相关的行为。这些内容也可以事先以评定表的格式固定下来。

2. 对所记录的行为进行归类

主试记录完所观察的行为之后，要立即进行归类，把每一行为表现归类到相应的素质测评项目中。素质测评项目及其内容特征，一般事先有统一的规定。

关于归类的项目，美国有人做过专门研究，调查了200多家企事业单位，发现项目数为12~18个。大多数人趋向于11个，但如果想提高观察评定的效果，以7个项目为宜。

3. 给每个素质测评项目评分

主试归类了所有观察记录的行为之后，就要对每个素质测评项目进行分析研究，根据素质特征、被试行为表现及评分规定逐项评分。评分一般为0~5分不等，共6个等级。具体评分标准如下：
- 5分，被试所表现的素质远远高于工作本身的要求；
- 4分，被试所表现的素质略高于工作本身的要求；
- 3分，被试所表现的素质达到实际工作的要求；
- 2分，被试所表现的素质略低于实际工作的要求；
- 1分，被试所表现的素质大大低于实际工作的要求；
- 0分，被试所表现的行为根本没有显示出实际工作所要求的素质。

4. 制定观察评分人报告评定结果

所谓制定观察评分人，是指对被试A事先安排好3位主试（甲、乙、丙）。3位指定观察评分人顺次向其他主试报告自己对被试A观察到的行为、归类过程、每个素质测评项目的评分及总体评分（在项目评分基础上作出的）结果。只有3位指定观察评定人——报告完毕,才能进行另一个被试的报告工作。

5. 其余主试记录报告中的有关事实

当指定观察评分人报告自己关于某被试的评定情况时,其余的主试在事先制定好的一张特殊的记录表上记录某些重要的事实,并在此基础上独立地就每个素质测评项目作出自己的初步评定。主试可以向报告人提问以澄清事实,但是,不能讨论也不能对报告者在该点上对评分的解释提出质问。

6. 要素综合评分

每个主试听完了3个指定观察人的报告后,根据自己记录的事实,对每项素质测评的分数(自己评定的与别人评定的)进行独立考察,然后在此基础上综合所有项目测评结果评定一个总分数。在综合评定总分数的过程中,要考虑到不同项目的权重,不要对各个项目简单平均地求出总分。

7. 公布每个主试对每个人的评分结果

采取表格形式公布主试对每个人的评分结果。表格按被试逐个张榜公布。表格左边列素质测评项目,从上至下排列。表格的上端横栏,从左至右逐个列出主试的名字。表体内是每个主试对每个项目的评分。表格最底一栏是每个主试的综合评分。从这张综合评分表格中,可以看出一致与不一致的地方。

8. 主试讨论

公布每个主试的评分结果后,主试应该就不一致的地方进行讨论,直到达成一致意见。不过,也可以采取平均分数代表大家的一致意见,然而一般很少这样做,因为讨论过程不仅仅是达成一致意见,而且可以更深入地认识测评对象,提高测评的准确性。

9. 其他评语

除表格中规定的测评项目外,主试还可以就其他重要(突出)的素质作出评论。

上述9个步骤是就评价中心活动开始后主试的操作程序而言的。实际上,在评价中心活动正式开始前,应该做好一些准备工作。其程序如下:

(1) 确定评价中心活动中所要测评的素质项目;
(2) 对于每个素质项目找出一些便于区分与辨认的代表行为;
(3) 根据拟聘职位要求选择适当的评价中心形式;
(4) 对于每个素质测评项目,确定不同水平等级区分的标志;
(5) 制定评分标准;
(6) 制定评价中心活动需要的有关方案、计划与实施要求。

7.3.3 应用形式

就一般情况来看，评价中心主要是用作高层管理人员的选拔与晋升中的考核手段。据调查，对 1 000 家企事业单位所进行的评价中心测评中，95%属于这一类。

然而事实表明，评价中心近年来除用于选拔预测外，还广泛用于素质开发、标准研究、职业规划、非传统（特殊）管理评价等方面。

评价中心结论，有时还被用来作为某种测评方法质量鉴定的标准，用作效度分析的关联效标。

7.3.4 评价中心设计中应注意的问题

评价中心设计中应注意的问题主要有以下 6 个方面。
（1）根据工作分析或职位分析选择恰当的评价维度和评价标准。
（2）根据评价的维度选择适当的评价形式和内容。
（3）评价中心的任务在时间安排上应相对较为集中，一般为 1～3 天的时间。
（4）评价中心的各种任务的选择要遵循经济性的原则。
（5）保证测验的保密性。
（6）对评价者的选择和培训也是一个非常重要的问题。

案例讨论

案例 1　无领导小组讨论示例

某公司随着业务的持续发展，规模不断扩大，人才支持日见乏力，特别是在中层管理人员的使用上更显得捉襟见肘。公司高层研究决定：使用无领导小组讨论、结构化面试等方法从基层人员中选拔有发展潜能的人才重点培养，为企业发展建立人才梯队，实现人才战略。

公司在以往业绩考核、直线上级领导推荐的基础上，初步确定 35 人参与选拔。经过结构化面试后，21 人进入无领导小组讨论（讨论分为 3 组，每组 7 人）。

步骤 1：确定素质结构，选取测评要素

根据人—职—组织匹配的原则，在工作分析的基础上，公司高层提出了中层管理人员必备的职业素质结构。根据无领导小组讨论本身的特点，选取情绪稳定性、人际相容性两种职业个性，以及组织协作能力、团队领导能力、人际沟通技巧 3 种管理能力共 5 个测评要素。

步骤 2：根据测评的目的，确定讨论题目

无领导小组讨论重在讨论，选取讨论情景尤为重要。一般来说，讨论题目必须具有争论性，每个参与者都有话可说。该集团公司以"选人决策"作为讨论情景，要求被评价人根据公司和候选人的背景材料作出人事决策。

[讨论题目] 某通信集团公司拥有6家下属工厂，分别经营计算机软件开发、微机装配、手机制造等业务。为了达到二次创业的目标，董事会决定另外聘请总经理。现有甲、乙、丙三位优秀候选人，请你根据他们各自的特点进行分析比较，提出任用意见。

下面是甲、乙、丙三个候选人的个人资料。

甲：学术带头人，是高科技企业的当然领导者。

男，36岁，计算机专业博士，工龄5年。毕业后一直在本公司从事技术研发工作，主持开发过公司多种主干产品，负责过某外资合作项目的建设，1997—1998年被任命为一分公司总经理，业绩优良。现任公司副总经理，主管研发及企业战略工作。

甲对通信技术发展趋势敏感，熟悉行业特性，能正确把握企业产品定位，作出果断决策。现在主持开发公司主导产品；精通英、日两门外语，与外商谈判水平高；爱惜技术人才，愿为他们提供良好的发展空间。

甲自信、坚韧，工作干劲大，精力充沛，但是个性内向，人际交往能力较欠缺，不喜欢应酬性的公关活动。在战略重点上，他主张把资金投向技术开发而不是市场开拓，强调技术带动市场。

乙：只有把握市场的人才能成为市场经济条件下的领导者。

男，32岁，毕业于某名牌大学电信专业，本科学历，在读MBA。1990—1992年在某大型国有企业从事技术研发工作，1993—1995年在某外资通信企业从事市场营销工作，1996年至今一直在本公司从事市场营销工作，业绩优良。现任公司副总经理，主管市场。

乙有很强的品牌意识，重视广告与经营策略，注意市场研究与营销网络的建设，强调企业必须以市场为导向组织生产经营活动。他的企业策划能力、市场洞察力、公关能力和指挥协调能力都很强，有良好的社会关系。既与许多客户保持良好的个人关系，又有许多同学和朋友在各省市通信相关部门担任领导职务。公司在其领导下营业额年年上升。

乙个性热情，开朗，应变能力强，有魄力，开拓进取，雄心勃勃。但是乙自负，性情比较急躁，自我控制情感能力较差。

丙：优秀管理人才是企业成功的关键。

男，38岁，通信技术专业专科毕业，大专毕业后在一中型国营电子企业工作10年，任技术员、技术科长、车间主任、副厂长、厂长。在工作期间，利用业余时间进修学习，获得了上海交通大学MBA学位。1996—1999年进入一家美国独资企业上海办事处任首席代表，全面主持工作，业绩优良。

丙重视企业内部管理，注重组织机构的合理设置，在理顺企业内部关系、制定规章制度、企业文化建设等方面有丰富的经验；重视企业内部人才培养，上上下下关系都能搞好。他主张通过管理创新推动技术创新和市场创新。

丙办事沉稳，喜欢深思熟虑，三思而后行；待人谦和，彬彬有礼，说话办事通情达理，在群体中威望很高。但丙为人求稳，开拓进取精神不是很强。

步骤3：确定观察要点，编制测评量表。

在无领导小组讨论中，评论者是通过观察来获取被评价者的行为信息的，只有确定观察要点，才能有的放矢。评价者一般从以下几个方面进行观察。① 参与程度：被评价人的发言顺序、发言时间、发言时机和发言频次。②观点表达：被评价人采用什么策略提出观点，是否坚持自己认为正确的提议，观点冲突时采取什么策略。③扮演角色：旁观者、协调者、激化者还是领导者。④人际影响：谁推动讨论的进程？谁起主导作用？谁亲和力最强？

无领导小组讨论的具体实施包括4个阶段：起始阶段、独立发言阶段、交叉讨论阶段和总结陈词阶段。

[讨论题]

（1）你如何看待该公司确定测评要素的方法？你觉得该公司确定的素质指标能够实现其测评的目的吗？

（2）你觉得该公司设计的讨论题目合适吗？你认为无领导小组讨论的讨论题应该如何选择和设计？

（3）该公司设计的观察要点是否科学合理？你觉得无领导小组讨论应该主要关注哪些方面？

（4）对该公司采取的无领导小组讨论法你有何评价？你对其实施有何建议？

案例2 管理人员素质测评

A集团人力资源总监王先生最近压力非常大，因为公司内部出了大问题：前段时间总部的销售总监突然辞职，并带走了大量高端客户，投奔竞争对手。这名销售总监是王先生参与招聘进来的，刚刚上任不到一年，个人能力很强，到任后很好地带领销售团队为公司的快速发展做出了很大贡献。正在管理层庆幸找到一个好帮手的时候，毫无预警地出现了上面的事情。总部领导非常重视这件事，责令人力资源部对招聘和人才培养工作作出检讨。王先生回顾反思了招聘销售总监的整个过程：测评方法主要使用了面试与评价中心技术，测评指标主要涉及专业知识方面的内容以及一般的素质指标（如认真、细心等）。

[讨论题]

试分析王先生所实施的测评存在什么问题？结合素质测评的基本流程、运用所学的测评方法，帮助王先生设计一个测评方案用于销售总监的招聘？

资料来源：http://www.docin.com/p-1592313556.html。

案例3 对贺彬的考绩

这是一套角色扮演练习，背景是一家制造公司，一个角色是总经理张维，另一个角色是生产科科长贺彬。

一、练习步骤

第一步（5分钟）：教师介绍本练习中要扮演的角色。学员分成3个小组：一个组派出一个人扮演总经理，另一组也要出一个人扮演下属生产科科长，第三个组是观察者。观察者要阅读"观察者角色说明""总经理角色说明""生产科科长角色说明"三份文件；角色扮演者只阅读分给各自要扮演角色的一份说明文件。

第二步（20分钟）：上司约见下属进行考绩谈话。这个过程观察者保持沉默，依据"观察者角色说明"为指导，用笔记录谈话过程和内容。在谈话过程结束时，观察者对两人给予反馈。

第三步（15分钟）：讲座。讨论题如下。

1. 观察者：指出谈话过程的得当之处，说明谈话是非曲直如何开始的，有没有什么"关键点"使事情发生转变？说明谈话过程中的欠妥之处。"关键点"何在？
2. 你是否发现"传达与说明方法"有什么好处？"解决问题"方法有什么好处？
3. 下属对上司所采用的方法有什么反应？
4. 每个人本应如何做以使得讨论更有效些？

二、观察者角色说明

（一）观察上司开始谈话的方式
1. 谈话者做了什么？他是否以某种方式制造一种融洽的气氛？
2. 谈话者是否开门见山地说明谈话目的？
3. 谈话目的是否表述得清楚简明？

（二）观察谈话是怎样进行的
1. 谈话者在多大程度上了解下属对工作的感觉？
2. 谈话者是否以泛泛的、一般性的问题开始谈话？
3. 上司是否批评下属？
4. 谈话者是否能理解下属的思想感情？
5. 谁说话多？
6. 谈话者了解到别的什么没有？
7. 上司有没有表扬下属？

（三）观察、评价谈话结果
1. 谈话结束时，谈话者对下属的评价在多大程度上达到了公正和准确？
2. 上司是否给下属以激励？
3. 谈完后，两个人之间的关系是改善了还是恶化了？
4. 谈话者怎样才能做得更好些？

三、生产科科长角色说明

你刚才接到上司——公司总经理张维的电话，他要见你。在去他办公室的路上，你寻思他找你干什么。你想可能是两件事之一。

一个可能是要提升你做副总经理。张维以前已经数次谈过这件事。如张维所言，如果你能在生产科科长职务上证明自己，副总经理就非你莫属。你当然记得他曾经暗示你理应得到提升：你们的产量创了纪录，生产部门在你的领导下有效运转，你对自己的成绩感到自豪。

另一个可能是关于你上周提交给他的那份报告的事。你在那份报告中提出要招聘一些确实优秀的生产主管和工人，你提出：① 大幅增加工资以期延揽资质更佳的人才；② 建立一项先进的人事测评项目，以便刷掉平庸的求职者。

虽然你对自己在生产部门的成就感到自豪，但有一个问题困扰你，那就是中、低层管理人员素质太差。这些人中有几个新近离职,但你宁愿让他们通通滚蛋。这些家伙大多让人感到沉闷,又不负责任,智商也太低了一点。大部分不能胜任工作,没有一个可以提升。

你总是为推进这些下属的工作而疲于奔命,不管你怎样教导、鼓励甚至威胁,你似乎还是得亲自检查两遍才能保证他们确实把工作做好了。

就你看来,你已经通过纠正他们的错误,为公司节约了成千上万元了。

张维是你的一位老朋友,你对你们之间的工作关系感到满意。

想到这里,你踏进了总经理办公室。

四、总经理角色说明

你刚才请了贺彬来你办公室开会。贺彬是公司的生产科科长。从许多方面来说,你承认贺彬是一位理想的管理人员:他有节约意识,聪明能干,积极主动,为人诚恳;在贺彬的领导下,产量稳步上升。此外,贺彬也是你的私人朋友。

你请贺彬到你办公室讨论一个自去年以来一直困扰你的问题。尽管贺彬有许多优点,但还有一个不容忽视的问题,那就是生产科一些管理干部拒绝为贺彬工作。没有一个生产部门的管理干部在公司里工作超过6个月。他们抱怨贺彬独断专行,从不允许他们自己处理问题。贺彬总是监视他们,并明确告诉他们该怎么干,甚至最具体的事务也是如此。

公司一个副总经理位置空缺,你想过要不要提升贺彬。另外,你还有过一个不同的念头:为了公司,该不该让贺彬走人。这个问题你已经同贺彬谈过好几次了,你觉得你已经足够清楚地告知贺彬提升取决于他是否能够培养一位继承者接替生产科长职位。

最近,许多不错的年轻人离开了公司。你要决定要么贺彬改变他的做法以遏制人才外流的趋势,要么让他辞职。

(你在文件处理工作上稍微落后了一点,不知道贺彬最近给你送来了一份报告。如果他提到,你就说还没有看到。)

正在此时,贺彬如约来到了你的办公室。

案例4 角色扮演(时间约为10分钟)

指导语:你将与其他两个人共同合作,而且你们3个角色的行为是相互影响的。请快速阅读关于你所扮演角色的描述,然后认真考虑怎样去扮演那个角色。进行角色前,请不要和其他两个被试讨论即席表演的事情。请运用想象使表演持续10分钟。

图书直销员(角色一):你是一个大三的学生,你想多赚点钱自己养活自己,一直不让家里寄钱。这个月内你要尽可能多地卖出手头的图书,否则你将发生经济危机。你刚在党委办公室推销。办公室主任任凭你怎样介绍书的内容,他都不肯买。现在你恰好走进了人力资源部。

人力资源部经理(角色二):你是人力资源部经理,刚才你已注意到一位年轻人似乎正在隔壁党委办公室推销书,你现在正急于拟定一个绩效考评计划,需要参考有关资料。你想买一些参考资料。但又怕上当受骗,你知道党办主任走过来的目的。你一直忌讳别人觉得你没有主见。

党办主任（角色三）：你认为推销书的大学生不安心读书，想利用推销书的办法多赚到一点钱，以使自己的生活过得好一点。推销书的人总是想说服别人买他的书，而根本不考虑买书人的意愿与实际用途，因此你对大学生的推销行为感到很恼火。你现在注意到这位大学生走进了人力资源部的办公室，你意识到这位大学生要利用你的同事想买书的心理，你决定去人力资源部阻挠那个推销员，但你又意识到你的行为过于明显会使人力资源部的经理不高兴，认为你的好意是多余的，并产生他无能的感觉。

角色扮演要点参考（仅供评分人参考）：

角色一应尽量：① 避免党办主任情形的再度出现，注意强求意识不能太浓；② 对人力资源部主管尽量诚恳有礼貌；③ 防止党办主任的不良干扰（党办主任一旦过来，即解释说该书对党委办公室的人可能有点不适合，但对人力资源部的职员则不然）。

角色二应把握的要点是：① 应尽量检查鉴别书的内容与适合性；② 尽量在党办主任说话劝阻前作出决定；③ 党办主任一旦开口，你又想买则应表明你的观点，说该书不适合党办是正确的，但对你还是有用的。

角色三应把握的要点：① 装着不是故意来捣乱为难大学生的；② 委婉表明你的意见；③ 注意不要惹怒大学生与人力资源部主管。

实训活动

实训项目 7 无领导小组讨论模拟

【实训内容】

以目标企业为例，以小组为单位进行无领导小组讨论和公文筐模拟，领会评价中心的应用和要求。

【实训设施】

人员素质测评实训室；电脑及投影设备（用于播放演示文稿和视频）。

【实训项目 7-1】无领导小组讨论模拟

1. 情节

一艘小型客轮在海上突然遇险。营救中心收到求救信号之后，迅速派遣直升机赶到出事海域组织营救，发现 9 名乘客挤在一艘救生艇上，而且救生艇一直在漏气，乘客随时有落水的危险。由于这些乘客都不会游泳，而且严冬的海水冰冷刺骨，乘客一旦落水则必然丧生。然而，直升机只能把乘客一个一个地拉上去，晚一分钟上飞机就会多一分丧生的危险。这 9 名乘客的个人资料如下。

2. 个人资料

（1）老将军，68 岁，男，在几次保卫国家的重大战役中做出过卓越的贡献，有着丰富的领导和管理军队的经验，现已退休。

（2）医生，41 岁，女，国内著名的外科医生，成功地完成过多例疑难手术，目前正主持一项重要的医学课题。

（3）职业经理人，38 岁，男，一名跨国电子公司的总经理，刚刚把一家有着国际影响力的大型公司扭亏为盈。

（4）中学生，18 岁，男，高三学生，国际奥林匹克物理竞赛金牌获得者。

（5）中学教师，53岁，男，全国特级教师，教学经验丰富，深受学生欢迎。

（6）运动员，23岁，女，多次奥运会金牌得主，现处于运动的巅峰状态，有望在下届奥运会为国家争取更多奖牌。

（7）儿童，9岁，女，小学3年级学生。

（8）父亲，36岁，那位9岁女孩的父亲，一名优秀的律师，曾经成功地在几场重要的国际、国内商业诉讼案中胜诉，在国内法律界享有较高声誉。

（9）大学教授，45岁，男，博士生导师，是他所在研究单位的重要学科带头人，在国际性刊物上发表过多篇颇有影响力的学术论文，目前正主持一项国际合作课题。

3. 现在，假设有足够的时间进行讨论并作出决策，请将这9名乘客从最先被救到最后被救排一个顺序。

4. 教师实训点评。

【实训项目7-2】公文筐测试题

场景：

今天是2017年3月27日（周一），恭喜你有机会在此之后的一个半小时内担任所应聘部门的主任，由你全权处理该职位的有关事宜。

现在是上午9:00，在听取了下属的工作汇报，做好今天的工作安排之后，你来到了办公室。你的下属小刘已将需要处理的文件整理好，放在一个文件筐里。文件的顺序是随机排列的，你必须在1个小时内处理好这些文件，并做出批示。至10:30你必须参加一个重要会议。

在这1个小时内，小刘给你推掉一切杂事，不会有人来打扰你。另外，很遗憾地通知你，由于公司的电话线路检修，在处理文件的过程中，你没有办法与外界通话，所以需要你以文件、备忘录、便条、批示等形式将所有文件的处理意见和办法，做出书面表述，最后交给下属传达执行。

在公司，现在员工称你为"张主任"。

好了，你现在可以开始工作了，祝你好运。

文件一：　　　　　　　　　　　　　　　　　　　　测评编号：

张主任：

　　昨天，接到人力资源部的通知，要求本周五前上报本部门人员培训计划，以便人力资源部汇总后制定本单位年度培训计划上报省公司。

　　　　　　　　　　　　　　　　　　　　　　　　　人力资源部
　　　　　　　　　　　　　　　　　　　　　　　　2017 年 3 月 27 日

处理意见：

文件二：　　　　　　　　　　　　　　　　　　　　测评编号：

张主任：

　　下周一 8:15，公司要召开班子扩大会议，各部门负责人要汇报近期工作要点，请您做出相关安排。

　　　　　　　　　　　　　　　　　　　　　　　　　　　小刘
　　　　　　　　　　　　　　　　　　　　　　　　2017 年 3 月 27 日

处理意见：

文件三：   测评编号：

张主任：

　　某项专业机构邀请您本月 31 日前往广州大厦参加经验交流研讨会，您是否参加？请回复，以便我及早做出安排。

　　培训时间：3 月 31 日上午 9：00—11：30　　下午 14：00—16：30

人力资源部门
2017 年 3 月 27 日

处理意见：

文件四：   测评编号：

张主任：

　　我们部门的骨干员工方柯早上突然提出要辞职，请问您如何处理？

小刘
2017 年 3 月 27 日

处理意见：

自测练习题

一、单项选择

1. 研究表明,公文处理用于测评人员素质,其信度（　　）。
   A. 非常低　　　B. 低　　　C. 中等　　　D. 高
2. 以下这些选项不属于评价中心特征的是（　　）。
   A. 综合性　　　　　　　　B. 灵活性
   C. 整体互动性　　　　　　D. 程序的非标准性
3. 评价中心适用于（　　）。
   A. 技术人员　　　　　　　B. 中高层管理人员
   C. 艺术工作者　　　　　　D. 基层管理者

二、多项选择题

1. 评价中心的特点有（　　）。
   A. 动态性　　　B. 信息量小　　C. 整体互动性　　D. 标准化
   E. 形象逼真
2. 评价中心技术的主要形式有（　　）。
   A. 公文处理　　B. 小组讨论　　C. 管理游戏　　D. 角色扮演
   E. 案例分析
3. 下面问题适合在无领导小组讨论中使用的是（　　）。
   A. 两难问题　　B. 专业问题　　C. 资源争夺问题　　D. 多项选择问题
4. 设计管理评价中心的基础是进行（　　）。
   A. 工作分析　　　　　　　B. 指标设计
   C. 选择培训者　　　　　　D. 选择适当的技术组合
5. 评价中心的各个技术之间是（　　）。
   A. 相互独立的　　B. 相互补充的　　C. 相互对立的　　D. 相互替代的

三、简答

1. 评价中心是什么？试举例说明。
2. 评价中心的主要特点是什么？其中哪些最为本质？
3. 评价中心的形式有哪些？哪种使用频率最高？哪一种最低？
4. 什么是公文筐测验？它有哪些特点？适合测评哪些素质？
5. 什么是无领导小组讨论？它有哪些特点？适合测评哪些素质？
6. 什么是角色扮演？它有哪些特点？适合测评哪些素质？
7. 试用表格形式比较各种评价中心具体方式的特点、功能、优缺点、适用范围。
8. 评价中心设计中应注意的问题有哪些？

四、讨论题

1. 你认为评价中心的各个技术各侧重于评价什么要素。
2. 假设你是一名人力资源工作者,你需要招聘一名中层管理者,其工作中经常需要处理各种人际冲突问题,你将如何设计一个管理评价中心进行有效的招聘?
3. 试调查你所在的企业中,评价中心各个技术的使用频率。

第 8 章

实施模拟

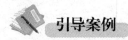 引导案例

斯坦罗泰克公司的人员招聘

大部分斯坦罗泰克公司的员工都在工厂工作。每当需要聘用人员时,工厂经理帕特瑞克·希姆就招聘所需要的人员,并将人员招聘情况通知部门主管。

该工厂经理是根据他与应聘人员短暂的几分钟面谈得出的个人判断来选聘员工的。在这个简短的会谈之前,帕特瑞克的秘书审查候选人的过去经历、受教育程度,并通过证明人核查情况。

一旦候选人被聘用,他(或她)先到工厂去完成一些诸如填写申请表和简要的身体检查等正式手续;然后被聘用人员就会得到所分配的工作。工作指示仅持续几分钟时间。新员工无论何时遇到困难,都会得到一些指导和帮助。

斯坦罗泰克公司员工的流动程度超过该行业的平均水平。每个月都有一部分员工辞职。他们中的一些是由于不能适应其工作环境,而另一些则是因为不能满足工作标准。

由于公司一直在盈利,工厂经理或公司主管不必为了人员流动问题而烦恼。但是,帕特瑞克完全意识到所存在的人员流动问题。

资料来源:普蒂,韦里奇,孔茨.管理学经要(亚洲篇).丁慧平,孙先锦,译.北京:机械工业出版社,1999.

【思考题】

你认为在斯坦罗泰克公司中人员流动与企业的招聘方法之间是否存在联系?你对斯坦罗泰克公司在改进招聘程序方面有何建议?

8.1 人员素质测评的实施程序

人力资源测评的实施是一个极其复杂的过程,必须根据测评要领的要求,遵守科学

的测评程序，确保测评过程中各环节相互协调、相互衔接，从而使测评结果准确、客观、公正。人力资源测评程序是实施人力资源测评应遵循的基本步骤，一般情况下，人员素质测评程序如图8-1所示。

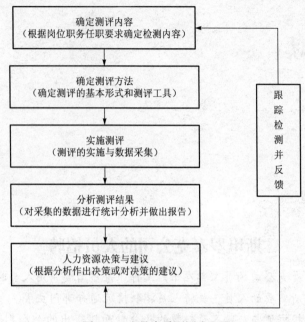

图8-1　人员素质测评流程图

8.1.1　确定测评内容

根据不同的测评目的确定具体的测评内容是人才测评的第一步。不同的测评目的，选择的测评内容不同。

1. 确定选拔性人才测评的测评内容

对于以选拔为目的的人才测评，测评内容应根据所选拔岗位的任职素质要求（通常以工作分析、职务说明为依据），针对不同的职务、不同岗位、不同企业特征以及某些特殊需要来确定；另一个重要的程序是确定选拔的标准，即确定什么样的应试者可以被企业录用。

2. 确定诊断性测评的测评内容

对于以诊断、评价为目的的人才测评，确定测评内容相对简单。

可以根据诊断、评价的内容确定测评内容。例如，要想了解员工偏好哪种工作，可以对员工的职业兴趣进行测评；要想确定是否要对管理人员的沟通技能进行培训，可以测评他们的沟通技能，为培训机会提供依据。

8.1.2 确定测评的基本形式和测评工具

测评的形式和工具依测评内容的不同而不同。例如，需要对应聘营销人员的口头表达、情绪控制等方面进行测查，就不宜采用一般的纸笔测验，而最好采用情境模拟测验，如小组讨论测验。确定测评形式和工具也是非常重要的一步，不恰当的测评方法会使测评结果不能满足测评目的，甚至会导致收集到虚假信息，误导决策的制定。

特别需要注意的是，人力资源测评绝不能用三四种工具，"以不变应万变的方式"对付所有岗位的测评要求。不同岗位所要求的素质内容是相当多样化的，它们的组合就更丰富，要想真正做到人事匹配、人岗匹配，就必须有的放矢地根据岗位需要选择测评工具，使工具适应岗位，而不是让岗位去迁就工具。

8.1.3 测评的实施与数据采集

进入实施测评阶段后，首先是通过使用具体的测评工具获得人力资源的评定数据。在这一阶段，要注意做到客观化、标准化，保证收集到的测评结果能够公平、真实地反映被试的状况。要做到客观和标准，就要严格按照测验的实施要求进行测评，防止个人情感对测评结果的"污染"。并且，在收集测评资料的同时要注意将实施测评过程中相关的信息及可能对决策产生影响的细节记录下来，作为决策的辅助材料，如在考查范围之外，有重大意义的受测人的特殊表现（如特殊的个人经历或特长），以及能对测评结果造成影响的特殊因素（如考场的干扰、被试突然患病）等。与此同时，要保证测评的现场环境空气通畅和新鲜、照明充足、温度和湿度适宜、干净整洁、安静、没有外界干扰，每个被试的桌椅应尽可能舒适，并有足够的空间，尤其避免多个被试同时应试时相互影响、干扰。如果安排的测量内容较多，不同内容之间应安排适度的休息，条件允许时可提供饮用水。另外，主试态度要温和，施测过程控制要标准化。总之，要尽量排除无关因素的干扰，使被试在一个比较舒适的环境中接受测量，以保证被试正常发挥水平。

8.1.4 分析测评结果

对测评结果的分析通常包括对测评结果的计分、统计和解释。对于心理测验来说，它的计分和统计方法往往是预先建立的，使用者只需按照测验说明进行操作即可。对于已经计算机化操作的测量就更为简单了，在测验完成之后，统计结果也即完成，并可打印出报告。

然而，对结果的解释就比较复杂了。对单一测评结果可以参照标准进行解释。但很多情况下，人力资源测评包括多个一同实施的测验，需要结合多个测验的结果做出整体的评价和解释，这需要分析者对各项测验了解充分，并有丰富的经验。

8.1.5 根据分析作出决策或建议

决策与测评目的联系紧密。以选拔为目的的测评，其决策内容为候选人名单；以安置为目的的测评,其决策内容为岗位与应聘者的匹配;以评价为目的的测评,其决策内容为被试素质的评价;以诊断为目的的测评,其决策内容为被试的问题和特长或被试团体的状况和管理问题;以预测为目的的测评,其决策内容为被试未来的绩效和工作表现。

在进行决策的过程中要注意:测评结果只是决策信息的一部分,在参考测评结果的同时,也要考虑其他因素。另外,在进行人事选拔时,测评结果往往只给出参考性建议,决策需要有关部门通盘考虑而做出。

运用人力资源测评,是出于人力资源管理科学化的目的,反过来,对待人力资源测评,也需要持科学的态度。既要尊重科学,追求客观性,推动人力资源测评在实际工作中的运用,又要合理地看待人力资源测评的可靠性和有效性,不宜过分夸大它的精度和适用范围。实际上,就像所有物理学的度量衡如秤、尺、量筒等的测量精度有一定限度和误差一样,人力资源测评这种针对人(人的行为及其内在品质)的度量也是有精度上的限制和误差的。拒不采用有效的客观的人力资源测评辅佐人事管理是不科学的,盲目使用甚至滥用人力资源测评,乃至造成对被试和组织的伤害,也是不科学和不道德的。

8.1.6 跟踪检验和反馈

在多数情况下,还需要对测评结果及聘用结果进行跟踪。主要是根据工作绩效对测评结果和聘用进行检验,这就为前面的工作提供了重要的反馈,为测评取得经验性资料,为测评进一步校正以达到更大的精确度提供依据。通常可以通过测评分数和绩效之间的相关性,来判断测评的预测效度,并可据此对测量工具进行校正。可以说,到这一阶段,才真正完成了一个人力资源测评的作业过程。

8.2 人员素质测评方法技巧

1. 实施过程的设计原则

人员素质测评实施过程的设计原则主要有以下 5 个方面。
(1)简便易行的测量放在前面的原则。
(2)成本低的测量放在前面的原则。
(3)当一个测量的内容可能影响(如暗示、帮助)其他测量时,这个测量应放在后面。
(4)容易产生疲劳的测量放在后面。
(5)测量内容比较敏感,或容易造成较大压力的测验(如能力测验往往会影响人的自信心),放在后面。

2. 采用标准化指示语

在施测过程中应该使用统一的指示语。指示语是指在测评过程中说明测评进行方式以及如何回答问题的指导性语言。指示语应力求清晰、简明，使被试能很快明白应该做什么以及如何对题目做出反应。一般来说，对被试的指示语应包括：

(1) 如何选择反应方式（画圈、打钩、填数字、口答、书写等）；
(2) 如何记录这些反应（答卷纸、录音、录像等）；
(3) 时间限制；
(4) 如果不能确定正确反应时，该如何去做（是否允许猜测等），以及计分的方法；
(5) 当题目形式比较生疏时，应该给出附有正确答案的例题；
(6) 某些情况下告知被试测验目的。

3. 确定恰当的测评时限

大多数测评既要考查被试反应的速度，又要考查解决有较大难度题目的能力，因此，应确定合适的测评时间。通常，在能力和成就测验中所使用的时限，以大约90%的被试能在规定时间内完成测验为标准。如果题目从易到难排列，力求使大多数被试能在规定时间内完成其会答的题目。确定测评的标准时限一般采用尝试法，即通过预测试来确定。

4. 创造适宜的测评环境

测评的环境条件也是影响测评成绩的一个因素。尤其对于操作性的测验，如果环境布置得过于严肃，易使被试感到紧张、压抑，不能发挥其正常水平。测评场所必须确保具有良好的物理环境，包括安静而宽敞的地点、适当的光线和通风条件、适宜的温度和湿度等。另外，在测试时还要防止其他干扰。

5. 选派经验丰富的主试

主试俗称考官或主考人，是控制测评进程的主要人员，主试的经验和知识如何，对测评结果有相当大的影响。一般来讲，在测评前，主试应熟悉测评指示语，熟悉测评的具体程序，组织测评工作人员准备好测验材料，并确保测评环境恰当；在测评中，主试应按测评指示语的要求实施测评，当被试询问指示语意义时，主试不能加入自己的主观看法，也不要透露任何可能对测评结果有影响的信息或线索。与此同时，应与被试建立一种友好的、合作的、能促使被试最大限度地做好测试的一种关系，因此无论是个体还是在团体测评中，主试都应采取热情、友好并且客观的态度。

案例讨论

案例1 神通公司的员工招聘和选拔计划

一、背景

神通公司是一个业务蒸蒸日上的投资咨询公司，该公司依靠政府背景和5位高素质核心员工的努力，年业务量以200%的速度增长，现今，该投资公司已一跃成为投资咨询业的一颗闪亮的新星。该公司的总裁杜克先生因为年轻有为而成为众多商学院毕业生的偶像和楷模。但是，杜克先生作为一名工商管理硕士毕业生，仍然没有忘记早先在课堂上学习人力资源管理时，老师所提醒过的——在公司高速发展时期，加快人力资源开发的必要。因此，杜克先生决定委派一位得力干将比尔先生——一名人力资源管理硕士，专门负责神通公司的人事管理。

比尔先生是一个精明、学识渊博的年轻人，得知被任命为神通公司人力资源部的总经理时，比尔先生就立即投入人力资源部的筹建活动中去了。杜克先生答应每年将公司营业额的1%作为人力资源部的运行经费，并认为人力资源部的员工，选择一般的公司内部职员即可担当，不必花费太多的时间选择。而比尔则认为人力资源部相对于一个投资咨询公司而言，是一个极其重要的核心部门，糟糕的人力资源部门会毁掉公司的前程。如果现在公司招聘了一批低素质的人，过一段时间他们会渗透到公司的各个部门，再过一段时间他们又要为公司招进素质更低的人。所以，人力资源部门必须要着力加强。比尔因此建议杜克总裁将人力资源部门的运行费用从1%提高到5%；同时，比尔还认为公司必须改变目前在招聘工作中的随意性和主观性，比尔运用在学校所学的关于人力资源管理的相关知识，还专门请教了以前的几位恩师，最后设计出了一整套颇为复杂的选拔和面试新员工的方案。财务主管凯尔文极力反对这套方案，认为这将大大提高目前公司的招聘成本，而比尔则坚持认为执行这套方案，将给公司带来无法估量的收益。杜克先生则处于矛盾之中，于是决定在下周召开高层管理会议，讨论比尔先生的方案以及将来人力资源部门在公司中的地位等诸多问题。

二、方案

首先，比尔认为，公司的业务发展很快，提升内部员工应该是填补空缺职务的首选，这种策略的吸引人之处在于：① 为事业发展创造了机遇；② 如执行严格，可掌握候选人的可靠资料；③ 节省新雇员适应的时间；④ 节省外招的费用。当然，提升内部员工也有不足之处，那些几乎完全依靠内部提升的公司容易自满而检查不到漏洞，过分注重"谁正确"，而不是"什么正确"，那些循规蹈矩、没有犯过错的员工受到重用，而那些有识之辈则因不适应而被轻视或开除。

因此，比尔认为60%的晋升机会从内部提升，而40%的职位从外部招聘，则可能达到令人满意的效果。比尔决定从以下途径寻找潜在人力资源：① 大学招聘委员会；② 学校；③ 专业团体；④ 政府机构；⑤ 人力资源中介机构。

其次，关于发布招聘信息。比尔认为神通公司信誉很高，尽管无须做招聘广告便不断有人找上门来；但为了吸引最具才华的人才加入，比尔决定定期发布招聘广告，并且精心设计了求职登记表，希望借此建立公司自己的备选人才库。

比尔决定采用四轮面试法。第一轮是人力资源部的初步筛选，分为结构化面试和非结构化面试两种方式；第二轮是在初步筛选后，再由人力资源部组织进行能力倾向和心理测试；第三轮是由业务部门进行相关业务的考查和专业技能测试；第四轮是由招聘职位的最高层经理和人事招聘专员参与，选出个人需求与公司需求最配合的人选。

1. 初步面试

通常，初步面试由公司的人力资源部主管主持进行，通过双向沟通，使公司方获得有关应聘者学业成绩、接受过的相关培训、相关工作经历、兴趣爱好，对有关职责的期望等直观信息；同时，也使应聘人员对公司目前情况及公司对应聘者的未来希望有个大致的了解。比尔设计出以下几个常见的问题：

(1) 你离开大学后主要从事过什么工作？
(2) 你认为你在工作中的主要成就是什么？
(3) 哪些事你认为做得不太好，而这些事可能提供你进一步发展的机会。
(4) 你在你自己的工作中学到什么？
(5) 你认为工作上的哪些方面最有刺激性，最令人满意？
(6) 你在工作中期待的是哪些东西？
(7) 你对将来是怎么想的，从现在起5~10年里你想做什么岗位。

测试结束后，人力资源部要对每位应聘人员进行评价，以确定下一轮应试人员的名单。比尔罗列的具体操作是：

(1) 就应聘者的外表、明显的兴趣、经验/背景、合理的期望、职务能力、接受过的教育/培训、是否马上能上任、过去雇用的稳定性等项目从低（1分）至高（10分）打分。

(2) 就职务应考虑的优缺点，如以前职务的态度、对前任上级的态度、对有关职责的期望、对生涯或职业期望等作具体评议。所有应聘者提供的书面材料也供评价参考。

2. 能力倾向和心理测试

比尔从公司外聘3名心理专家从事这项工作。通过该项测试，可以进一步了解应聘者的基本能力素质和个性特征，包括基本智力、认识思维方式、内在驱动力等，也包括管理意识、管理技能技巧，针对性很强。比尔认为能力倾向和心理测试，能够较全面、客观地反映应聘者是否具有胜任管理岗位的基本素质倾向。

3名心理学家提供了一系列标准化的测试方法，如16种人格因素问卷、明苏达多项人格测验、管理者行为风险测验、寇德职业与兴趣表、适应能力测验、温得立人事测验、魏斯曼人事分类测验、罗夏克测验等，比尔认为应该进行至少两项的管理能力和心理测试，然后按其加权平均计值。

3. 专业技能测试

比尔认为在专业技能测试过程中，进行"模拟测验"是行之有效的一个办法。其具体做法是：应聘者以小组为单位，根据工作中常常碰到的问题，由小组成员轮流担任不同角色以测试其处理实际问题的能力。整个过程由专家和公司内部的高级主管组成专家团监督进行，一般历时2天左右，最后对每一个应聘者做出综合评价，提出录用意见。"模拟测验"的最大特点是应聘者的"智商"和"情商"都集中表现出来，它能客观反映应聘者的综合能力，使企业避免在选择管理人员时"感情用事"。"模拟测验"基本上由三个环节组成。

一是文件处理练习。秘书给每一个应聘者一个在每个经理人员或高级管理人员那里都能见到的文件筐,文件筐里有典型的难题,一般例行问题和经理们从休假回来工作时常见的指示,应聘者必须在规定的时间里处理这些问题以表现他们在实际工作中处理类似问题的能力。

二是无领导小组讨论。应聘者被分成一个小组一起讨论几个业务上的具体问题。在会议进行过程中,评价人员仔细观察每一个参加者和其他人员是如何作用的,以考评应聘者的能力和态度,包括说服人的能力、领导能力、组织决策能力、时间应用能力、创造力和容忍力及敏感度、诚实、自信等品性。

三是紧张演习,主要是测试应聘者应付压力的素质和能力。它由一系列苛刻的问题组成,以火烧眉毛的进程、不友好的方式推出,其紧张情景通常是应聘职务可能涉及的场景。

4. 最高层参与决定人选

最后一轮面试实际上是以上三轮面试结果的最后确定。比尔认为最高主管的参与至关重要。最高主管将就各个岗位和职业发展方向做出进一步的说明,与求职者进一步进行双向沟通,以确保员工能够在指定的时间投入工作。

上述四轮面试计划,将耗费一个半月左右的时间,再加上前期的准备工作,整个一轮选拔人才的时间有可能是3个月。按照比尔的估计,一年将举行2~3次的招聘面试,那么,招聘和选拔将耗用半年的时间,再加上日常的工作分析、绩效评估等工作,若要进行全面的人力资源管理,比尔迫切地需要人手和经费的支持。杜克先生也开始有些困惑,公司对人力资源开发如此巨大的投入,是否会带来想象中的巨大回报?建立以人力资源管理为中心的管理体系,是否会使公司迷失方向?

资料来源:http://www.doc88.com/p-318742492975.html。

思考题:

(1) 你认为神通公司在业务蒸蒸日上之际,在人力资源开发方面投入巨资是否有必要?谈谈原因。

(2) 请你评价比尔先生的选拔面试方案。

(3) 针对神通公司这样一家投资咨询公司,请你谈谈各种选拔工具的有效性及应用策略。

分析: 这是招聘流程方面的一个比较细致、详尽的案例。① 本案例的"背景"是一般的管理学案例的通行表述方法,这里反映了该公司对招聘的重视;② 内部招聘很重要,占晋升的60%;③ 外部招聘的渠道与发布信息的方法;④ 该公司重视面试,实行了"四轮面试法";⑤ 模拟测试、心理测验等方法,在案例中较详细地给予了介绍。

案例2 上海协泰投资有限公司的招聘工作

(1) 对整个招聘工作制定了计划书:《上海协泰投资有限公司招聘计划书》,公司负责人对计划书的实施非常关心和重视,并给出了许多有益的指导。

(2) 对整个公司工作岗位和现有人员进行分析,提出所需人员的素质和人数要求(见表8-1),拟好招聘启事,选中《解放日报》和《新民晚报》作为广告媒体。

表 8-1　上海协泰投资有限公司招聘启事

序号	职务	人数	性别	年龄	要求
1	秘书	1	女	<30 岁	熟悉办公室工作及各项文书技能
2	办事员	1	男	<35 岁	熟悉行政与人事管理
3	管理部经理	1	男	<40 岁	熟悉宾馆大楼的各项服务及管理业务
4	保安部经理	1	男	<40 岁	熟悉宾馆大楼的治安保卫工作
5	大堂礼仪	3	男	<25 岁	身高 1.75 m 以上，品貌端正，受过专业培训
6	总台服务	2	女	<25 岁	身高 1.60 m 以上，品貌端正，受过专业培训
7	公寓服务员	3	女	<25 岁	身高 1.60 m 以上，品貌端正，受过专业培训
8	采购员	1	男	<35 岁	熟悉采购业务，办事能力强
9	消防员	1	男	<35 岁	懂得专业消防知识，熟悉各种消防报警器材
10	调度安全员	1	男	<40 岁	熟悉车辆管理及调度业务
11	驾驶员	3	男	<35 岁	持有 B 级驾驶执照，有 4 年以上驾驶经历
12	工程设备部经理	1	男	<45 岁	熟悉宾馆大楼机电设备及各系统管理
13	文书资料保管员	1	女	<30 岁	能阅读、书写英文，熟练掌握打字机技能
14	电梯维修工	1	男	<40 岁	熟悉各种进口电梯、自动扶梯的维修保养
15	自动化操作工	1	男	<40 岁	熟悉空调自控和火警报警探测系统
16	电工	3	男	<40 岁	熟悉高低压配电设备及动力照明系统的维修
17	空调冷冻维修工	3	男	<40 岁	熟悉宾馆大楼中央空调系统，具备维修保养技能
18	大楼维修工	2	男	<40 岁	熟悉宾馆大楼内外装饰，有设计构思能力
19	管道维修工	2	男	<35 岁	熟悉宾馆大楼内的各种给排水管道系统
20	音频视频维修工	1	男	<40 岁	熟悉大楼内的弱电系统，懂音频、视频及无线电技术
21	安保员	6	男	<35 岁	熟悉保卫安全知识，身体健壮
22	财会员	2	男/女	<35 岁	大专以上财会专业毕业、有助理会计师以上职称

（3）招聘工作采取了许多新方法，并对一些老方法进行了更新改造，这些方法提高了招聘工作的信度和效度。具体方法如下。

① 客观淘汰法。对所有应聘者按应聘工种进行归类然后计算选择比。从某类信件中随机抽取 10 封应聘信，乘以选择比得到此 10 封信中应录用的人数，然后在录用的几个人中找出应聘条件最差的那位应聘者，其所达到的条件作为最低条件，然后再根据这个客观条件对其他的应聘信进行快速阅读。采取这个办法的好处是既把应聘条件客观化归纳为易把握的几个标准，又能很快地阅读应聘信件。

② 对经过客观淘汰法选择的应聘者发出面试通知，同时安排好面试时间顺序。面

试采取了两种具体方法：无组织非结构式面试和有组织结构式面试。根据应聘工种特点，又分为职务面试、专业面试和一般性面试。

对于所有的技术工种，都进行了专业有组织的结构式面试，请专家命题并主持面试，同时也进行一般性面试，对于服务性工种也进行了应知应会的面试和一般性面试。

③ 对几个竞争激烈的工种，又进行了情景模拟测试和非结构式面试。前者主要采用了无领导小组讨论、制订应急方案和模拟面试。非结构化面试是这样进行的：请工程设备部经理应聘者参加技术工种面试，请管理部经理应聘者参加服务性工种面试，从中挑选合格雇员，同时对两部门经理应聘者进行观察与评价。通过情景模拟，主要是了解其工作积极主动性、控制局面的能力和工作的细心与耐心及应变能力。

同时，对秘书候选人进行了非结构式面试，从中掌握大量与此职务有关的素质、能力方面的信息。

(4) 招聘工作比较规范化和科学化。

① 整个招聘工作设计了各种表格，如履历表、各工种考核标准评分表。

② 招聘工作的组织与考核者均从事了多年的招聘考核和人员评价工作，对人员考核专业比较熟悉。

③ 专家既有从事多年理论和实践工作的高级工程师，又有实践经验丰富的实验指导教师。

④ 所有的面试（职务、专业、一般性）均设计了标准的书面测试题与评分标准。

⑤ 对所有接受面试的应聘者均作出书面评价。

资料来源：https://www.taodocs.com/p-30854564-4.html。

[讨论题]

(1) 你如何评价上海协泰投资有限公司的这次招聘工作？

(2) 你认为一则优秀的招聘广告应包括哪些内容？

(3) 上海协泰投资有限公司针对不同职位的应聘者采取的测试方式是否恰当？

实训活动

实训项目 8　拟订人员招聘方案

【实训内容】

学生根据所学的人员素质测评和人力资源招聘理论知识，结合以前制作的资料来拟订员工招聘的具体方案。并且通过现场模拟招聘实训操作，将管理理论同实际情形相结合的平台，培养学生的工作技能。

【实训项目 8-1】拟订人员招聘方案

(1) 假设某公司正准备招聘本小组职位，请帮助拟订具体招聘方案。

(2) 根据所学的人力资源招聘理论知识来分析制定员工招聘的形式、流程，并根据拟订情况制定招聘启事和招聘申请表。

(3) 根据前面各模块的讨论模拟，讨论本小组职业（或职位）测评方案的不足并进行完善，并分别纳入招聘方案中。

（4）各小组分别派发言人阐述自己小组的方案，并提交书面材料。
（5）教师实训点评。

【实训项目 8-2】现场招聘模拟

（1）每个组选定目标企业的相关岗位，现场进行招聘宣传以吸引学生投简历。
（2）根据每组的招聘广告，每个学生从非自己小组广告中选择一个岗位设计出自己的简历并进行投递。
（3）每组从收到的简历中进行筛选并确定面试名单。选择面试方法并准备面试材料。
（4）每组进行面试并记录面试成绩，经合议后最终确定录用人员并说明理由。
（5）实训总结，评选出最具魅力人力资源部、最佳简历及最佳面试官、最佳应聘者。
（6）以小组为单位递交实训报告，其中需明确每个成员分工并附上所有相关材料。每位学生递交一份实训心得报告。

自测练习题

一、复习思考题

1. 人员素质测评的实施程序的步骤有哪些？试画出人员素质测评流程图。
2. 如何根据不同的目的选择测评内容？试举例说明。
3. 根据分析做出决策或建议时应注意什么？
4. 人员素质测评实施过程的设计原则有哪些？
5. 人员素质测评方法技巧有哪些？

二、应用题

根据所学知识，设计薪酬人力资源管理专员的招聘实施方案。

参考文献

[1] 萧鸣政，COOK M. 人员素质测评. 2版. 北京：高等教育出版社，2007.
[2] 王垒，姚宏，廖芳怡，等. 实用人事测量. 北京：经济科学出版社，1999.
[3] 顾海根. 人员测评. 北京：中国科学技术大学出版社，2005.
[4] 庞辉，纪红，王实. 人员素质测评理论与方法. 沈阳：东北大学出版社，2003.
[5] 况志华，张洪卫. 人员素质测评技术. 上海：上海交通大学出版社，2001.
[6] 王益明. 人员素质测评. 济南：山东人民出版社，2004.
[7] 郑孝领，朱晓红. 人才测评实操手册. 北京：中国发展出版社，2016.
[8] 赵曙明. 人才测评：理论、方法、工具、实务. 北京：人民邮电出版社，2014.
[9] 寇家伦. 人才测评实战. 广州：广东经济出版社，2011.
[10] 高秀娟，王朝霞. 人员招聘与配置. 2版. 北京：中国人民大学出版社，2016.
[11] 姚裕群，姚清. 招聘与配置. 3版. 大连：东北财经大学出版社，2016.